Ensaio Original

APENAS UMA MULHER

apenas uma mulher

ALICE QUEIROZ

Ensaios

1ª edição, São Paulo, 2023
LARANJA ● ORIGINAL

para o meu pai
(*in memoriam*)

e para o Glauco Mattoso,
cuja obra me libertou

Descoberta é ver aquilo que todos viram e
pensar o que ninguém pensou.

Albert Szent-Györgyi

não tenho nada a dizer
mas só eu sei
como
dizer isso

Samuel Beckett

Apesar de my old man and his sea *e os sete ensaios da presente coletânea terem sido escritos entre 2013 e 2017 (com exceção do sétimo, de 2023), todos os textos passaram por uma delicada revisão. Sempre em busca das palavras mais adequadas para explicar o que tantas vezes não pode ser explicado e, ainda assim, mantendo sua essência original.*

my old man and his sea

[2017]

para o meu velho eu queria ser
o que *the old man and the sea*
foi para Ernest Hemingway:
uma prova incontestável
de virilidade latente
uma prova a toda prova
e independentemente
do que pensavam ou não
ele se adiantava a dizer
"é minha filha legítima!"
(talvez porque Aletheia
fosse uma deusa sincera)
"é minha a testa, as orelhas"
o lábio de cima mais fino

sobre o de baixo mais cheio
até a miopia severa
meus doze graus e meio
veio dele – e de quem mais?
      médico na sala
      médico na clínica
      médico na escola paulista de medicina às quintas-feiras
acabei herdando a vista
curta de tanto trabalhar
nasci em uma quinta
e por dois anos era nesse dia
que vinha me buscar na escola
eu foguete para fora da sala
e quando o via na calçada
era sempre um susto – maravilhada
eu me atirava nos braços
do pai que eu idolatrava
"Alice, a minha hérnia!"
reclamava, um riso de rei
(hoje duvido em segredo
daquela dor de fingimento)
e por mais que mamãe
negasse – é verdade que vim dela
antes muito antes disso
nadei calma muito quieta
no ínfimo mar de esperma
e fiz dele mar de sangue
de impossibilidades
matei todos e todas

em uma chacina de xx
e xy indiscriminados
fui corredora
fui vencedora
medalhista de ouro
nos cem metros rasos
até o útero de um falo
só para existir
só para escrever
(essas linhas de pescador
dissimuladas como eu)
sobretudo por aquele momento
por aquele único breve momento
fugaz e sereno
após a infinita quarta-feira
em que eu apanhava como um tesouro a
         mão velha
         mão fria
         mão do primeiro e último homem da minha vida
quando criança mamãe dizia
"o Paulo queria era um filho"
e o infeliz morreu de câncer
que ainda por cima é meu signo
(fato que me jogava na cara
tive culpa de ter nascido de cesárea?)
até meus 13 aguentou o peso
pluma na casa dos 40 quilos
da quarta e última filha
mas tudo isso é passado

enterrado no Dia de Finados
em uma tarde de 2003
hoje aos 26
mamãe quase 50
minha revolta ainda grita:
o nome do meu pai é Antônio!
eu lá vou saber o que ele queria?
não nasci pra chorar falta de pau
eu nasci pra levar o nome do meu pai

I.
Origem e obsessão

[2013]

Nasci fadada ao fracasso e desde pequena eu soube. Mãe me contou.

— Seu pai tinha ejaculação precoce. Ainda por cima, era impotente. Ele queria tomar viagra, mas eu fui contra, não queria mais nada. Foi só você e acabou.

Acabou. Foi assim que me tornei filha de um homem incompleto. Fui concebida em uma relação sem penetração. Seus corpos não se uniram, da maneira como eu supunha que deveria acontecer.

Mãe queria uma filha.

E pai, um filho que atestasse a sua virilidade.

Em um dia qualquer entre o início e o meio de outubro de 1989.

Sêmen. Mar de espermatozoides. Nadando, nadando,

nadando. Até o óvulo, em sua dilação terna, ansiando para ser fertilizado.

Então, a origem da vida.

Da minha vida.

Em um mundo como o nosso, intrinsecamente falocêntrico, eu – *apenas uma mulher* –, nascida de pai impotente, tenho alguma chance de vencer? Quando eu me soube danificada, ser humano de segunda linha na sociedade sexista que gerou um homem como Pai, assumi essa verdade como a origem da minha obsessão. Fui destinada à decadência, falhei antes mesmo de começar a ser.

Esse foi meu o milagre. E a minha maldição.

Desde pequena eu soube. Fracassada, só me resta escrever.

Fui a primogênita de Mãe e a quarta filha de Pai. A primeira dela, a última dele, a única de ambos. Antes da nossa família, Pai teve outra esposa e três filhas. Todas mais velhas que Mãe. Quando eu nasci, ela tinha apenas 21 anos. Pai, quase 68.

Mãe foi uma menina de família muito pobre. Aos cinco, perdeu a mãe em circunstâncias trágicas. Aos 42 anos, minha avó se afogou tentando salvar o filho menor, de apenas dois anos, que havia caído em um rio. Assim, Mãe se tornou não apenas órfã, mas também a caçula da família. Passava frio e fome, sobrevivendo com a roupa do corpo – camiseta, bermuda e chinelos de dedo – no interior do Paraná dos anos 70, quando as geadas congelavam a grama durante as madrugadas de inverno. Negligenciada pelo pai alcoólatra e pelos irmãos e irmãs mais velhos, cresceu sofrendo abusos e privações. Seu brinquedo de infância foi uma boneca feita de espiga de milho. Teve também uma de plástico, careca, coberta apenas por um calção do pano mais barato. Conforme se tornava moça, trabalhando desde criança, Mãe acabou vindo para São Paulo. Sonhava em juntar dinheiro para comprar sua própria casa, casar-se virgem como a mãe desejava que as filhas se casassem e ter uma menina. Uma boneca de verdade para usar os vestidos que Mãe fazia, cabelos longos para enfeitar com laços de fita e uma bonita voz para orar e cantar. Uma filha para amar. Para que Mãe pudesse dar todo o afeto que não recebeu, para que nunca mais se sentisse sozinha no mundo.

Sobre Pai, pouco se sabe. Foi docente na Escola Paulista de Medicina da Unifesp e médico pediatra em sua clínica particular, localizada no bairro do Ipiranga. Filho de imigrantes portugueses de origem humilde radicados em São Paulo, contava que, no Natal, ele e suas irmãs e irmãos ganhavam uma banana de presente, deixada dentro dos seus sapatos. Brincadeira ou não, o que se sabe com certeza é o quanto ele desejava ter um menino. Sonhava em pendurar um uniforme do Corinthians para bebê na porta do quarto do hospital e raspar a cabeça do moleque quando ele já estivesse crescido. Desconfio que ansiava pelo filho varão desde a primeira gravidez da antiga esposa. Veio a segunda. E a terceira. Décadas se passaram até que ele conhecesse Mãe – enquanto faziam compras no supermercado Pastorinho – e pedisse o divórcio. Dizia não ter sido feliz no primeiro casamento, prometeu se casar com Mãe na igreja.

Uma moça interiorana, ingênua e impressionável.

E um senhor que almejava reviver a juventude perdida ao lado dela.

Se Pai tivesse sido pai aos 21 anos, e seu filho fosse pai com essa mesma idade, esse filho ainda seria cinco anos mais velho que Mãe.

A promessa de desposar Mãe diante do altar não foi cumprida. Durante os primeiros anos de uma relação quase sempre conturbada, com brigas que chegaram a agressões mútuas, tanto verbais quanto físicas, Mãe vivia infeliz, trancada em um pequeno apartamento no mesmo bairro onde conhecera o marido, chorando sozinha, sem apoio nem família. Pai não chorava. Nunca, não importa o que acontecesse.

* Pai, 26 de agosto de 1922.

* Mãe, 8 março de 1969.

E eu, em 5 julho de 1990.

Filha de Mãe e de Pai, embora com idade para ser a sua neta mais jovem.

Nasci saudável de uma cesariana, com 49 centímetros e 3 quilos. Mãe me descreveu como um bebê de pele muito branca, grandes olhos cor de café e fartos cabelos lisos e negros que, após um ano de vida, a cada dia ficavam mais cacheados e castanhos.

Mãe chorou de alegria quando nasci.

Pai, no entanto, se sentiu frustrado.

Frustrado porque eu nasci mulher.

Sua última chance de ter um filho, o desejo de ver seus cabelos de menino crescerem pelo simples prazer de raspá-los, o uniforme do time do coração na porta do quarto do hospital. A prova incontestável de que era homem ao gerar outro homem.

Deixei Pai decepcionado ao nascer sem um pênis.

† Pai, 2 de novembro de 2003.

Aos 81 anos. Nunca se aposentou. Parou de trabalhar por pouco mais de três meses, ao ser internado no Hospital Albert Einstein para tratar uma leucemia mieloide aguda.

Endureci. Aos 13 anos, na flor da pureza, na época caprichosa da adolescência.

Sem qualificações formais, enquanto aguardava a pensão de viúva, Mãe foi trabalhar como faxineira para pagar a mensalidade do colégio particular onde me tornei bolsista parcial e pagar as contas da casa para onde tínhamos nos mudado quando eu tinha 7 anos. Eu não entendia muita coisa, além do fato de sentir que precisava ser forte.

Não tive irmãos. Não tive quase nenhum contato com tios ou primos. Eu tinha adoração por um menino da mesma idade desde os meus 11 anos. Um amor não correspondido. Tão imaturo quanto eu: "no caderninho o menino idolatrado/ dorme para sempre, platonicamente". Não chegamos sequer a nos beijar. Pouco depois da morte de Pai, acabamos nos afastando, pois ele e a irmã mais nova mudaram de colégio.

Sozinha, comecei a pensar.

Por que eu sentia que éramos tão diferentes?

Aos meus olhos, os meninos eram fortes, confiantes e rápidos. Podiam se sujar e se machucar muito mais do que me permitiam. Usavam palavrões e expressões vulgares cujo sentido eu ainda não compreendia completamente. Com frequência, eram agressivos e grosseiros, até mesmo os mais quietos e tímidos. E eles pareciam tão livres. Livres como eu jamais seria.

Eu era um cristal que não deixava ninguém se aproximar. Incapaz de me render. Incapaz de me libertar. Queria ser forte, ou ao menos parecer forte. Mas, por dentro, tudo me despedaçava. A autoestima, destruída pelo menor indício de frustração ou de incapacidade. O coração, partido diante do menor gesto de desprezo.

O que fazia os meninos tão diferentes?

Qual era a chave do coração deles, o segredo que me permitiria entendê-los?

Descobri.

E a flor da minha pureza começou a se abrir.

A desabrochar diante dos símbolos, significados e sentidos que passei a atribuir àquilo que me faltava. E esse conhecimento foi como comer do fruto proibido, do "pomo de Adão/ que me faz Eva/ em nome do pai". A enveredar por uma busca cujo fim me levava sempre ao início.

Encontrei.

Foi pela ausência de figuras masculinas. Mas também foi por antes, muito antes disso.

Quando eu era bem pequena, ficava no banheiro, sentada no vaso tampado, enquanto Pai tomava banho. Tenho a vaga lembrança de que ele se enxugava e conversava comigo. Pai era ciumento e desconfiava, de maneira infundada, de que Mãe o traía. (Hoje, adulta, entendo sua lógica machista: se ela não tinha desejo de se deitar com ele, só podia ser porque se deitava com outro.) Depois do trabalho, naquele íntimo momento entre pai e filha, Pai podia me sondar acerca da rotina de Mãe. Sempre fui uma criança inteligente e respondia atentamente a todas as perguntas que ele fazia. Mas, no fundo, não importava muito o que Pai dizia. Eu lutava para conter minha alegria. Sentia uma curiosidade que me saltava aos olhos, uma fascinação pueril pela saliência que balançava de leve, discreta e elegante, ao menor movimento do corpo de Pai.

Eu ainda não sabia.

Não sabia o quanto aquele sentimento fez meu coração bater. E, anos mais tarde, se voltar para aquela direção e decidir:

Eu quero saber.

Quero entender.

E amar. Amar aquilo que eu não tenho.

Mas... mesmo quando meu corpo é transpassado... mesmo que eu passe toda a vida debruçada sobre ele... não saberei.

Eu sou a última romântica, pois me apaixonei por aquilo que jamais poderei ter, reter ou entender completamente.

Talvez seja por isso que eu o amo. Seu símbolo e sua carne. Esse amor se encontra além da posse, além da própria compreensão. Se eu tivesse, seria banal. Se eu entendesse, perderia o mistério. Eu só desejo que ele permaneça em estado de enigma – e dessa forma, que seja eternamente novo, eternamente belo.

Porque está fora de mim.

Só existe no outro; amo o outro.

E da morte, "nega Freud" pois a minha inveja é *voyeur*.

Sou feliz por ter nascido mulher. Meu olhar será para sempre de mim para o outro. O outro não se vê. Sua carne ou seu símbolo. Quanto a mim, vivo em busca do equilíbrio entre o palpável – que eu vejo, sinto, toco, provo, cheiro – e o impalpável – que eu pesquiso, reflito, idealizo.

Esse é meu pequeno milagre e a maldição que me persegue.

Alice no país das ideias fixas.

O outro é meu extremo, condição que preenche a lacuna do sentido.

Infinda, eu abraço e dou o sentido completo ao outro.

O homem só pode ser definido como tal porque existe a mulher.

Porque eu existo.

Eu nasci capaz de significar aquilo que amo.

Nasci fadada ao fracasso. Mas eu não quero vencer.

A derrota foi e sempre será a minha vitória.

Todos vêm e vão para o mesmo lugar.

Para alguns o céu, para outros o inferno. Para mim o nada.

Sei que falhei antes mesmo de ser, de ser inclusive mulher.

Mas nasci para entender que não sou insuficiente ou inferior.

Assim como os homens deveriam poder falhar e ser fracos.

Somos sangue do mesmo sangue, carne da mesma carne.

Antes de ser definido, todo o sexo de todo feto possui o ancestral feminino.

O homem é o segundo sexo. Tão sagrado quanto a mulher que lhe deu a vida.

Clitóris ao contrário, de fora para dentro, ponte que me liga à origem.

Iguais em nosso oposto. Partes de um mesmo todo.

Como os seres humanos que somos.

Pai?

Você pode me ouvir?

Você me amou, mesmo não sendo o filho que você gostaria?

(Silêncio.)

Mesmo que me ouvisse de algum lugar, não diria nada.

Quando nos vimos no hospital pela última vez, dez anos atrás, você chorou?

O que havia em seus olhos aguados era um brilho de velhice ou de lágrima?

Alguma vez você sonhou a mulher que eu viria a ser?

Lembro que me afastei, comovida e horrorizada, para nunca mais voltar.

II.
Três contra uma

[2014]

Não sei dizer desde quando a penetração, para mim, é um ato perverso. O homem, quase sempre maior e mais forte, enfia um cilindro de carne rígido e cheio de sangue dentro da mulher, menor e mais fraca. Aos homens foi concedida não apenas a vantagem da constituição física, da força bruta, mas, em uma sociedade sexista e misógina, a arma que garante o direito de estupro. Pensando nisso, me pergunto qual é a vantagem das mulheres. Parir? Em um mundo com 7 bilhões[1] de pessoas? Talvez seja muito atrevimento, em pleno século xxi e a essa altura da involução da raça humana, questionar os desígnios da natureza. Mas não só me atrevo como afirmo que essa perversidade existe – e, o que é pior, me excita.

---

1 Em 2023, somos mais de 8 bilhões de habitantes no planeta.

Não me refiro somente ao intercurso vaginal. O corpo da mulher permite inúmeras possibilidades de violação, por um ou mais de um homem simultaneamente. A pornografia me ensinou isso bem cedo e, antes mesmo do início da minha vida sexual, o estrago já estava feito.

Na mesma noite do meu aniversário de 12 anos, eu me masturbei pela primeira vez. Não lembro se gozei mas, em algum momento, isso passou a acontecer. E, como qualquer criança que aprende uma nova brincadeira, não esqueci mais o caminho do céu. Naquela época, eu tocava somente o clitóris. Era capaz de atingir meu "instante sôfrego" em minutos, "no tempo entre tirar o uniforme/ e descer para o almoço" antes de ser chamada pela minha mãe, que gritava da cozinha avisando que a comida estava pronta. Por outro lado, lembro que me demorava bastante às vezes, com os olhos fechados no escuro do quarto, e me acariciava com tamanha delicadeza e inaptidão que tinha a doce sensação do clitóris girando, minúsculo e úmido, ao redor de si mesmo. Esse efeito se perdeu com o tempo e até hoje me pergunto de que forma o obtinha.

Minha primeira fantasia, em uma idade que eu nem sabia o que isso significava, não sabia sequer o que era me masturbar – fazia porque era gostoso, um prazer quase tão inocente quanto qualquer outro do mundo da infância, com a única diferença que era um prazer secreto, que ninguém podia saber –, envolvia ser raptada por um homem que me levava, semiconsciente como se estivesse em um sonho, até um quarto escuro e misterioso. Amarrada, com as costas contra a parede, depois de receber alguns toques nas partes mais íntimas, era penetrada. Não me lembro de nuances tais como o orgasmo, seja o meu ou o dele, se o homem falava comigo ou se eu lhe dirigia a palavra, se ele me estimulava com a boca ou somente com os dedos, se me feria ou se me beijava... Hoje, com o dobro daquela idade, todos esses detalhes me escapam. Era uma fantasia sem muita variação: imobilização, preliminares, intercurso. Na noite seguinte, o roteiro se repetia, num ciclo sem fim.

Um ciclo cujo fim se deu pouco depois, quando minha melhor amiga do colégio me mostrou, no computador da casa dela, dois *doujinshi* (fanzines japoneses) de sexo explícito. Tarjas pretas mínimas cobriam o clitóris e os pequenos lábios das personagens – de 10 e 14 anos –, assim como a glande do pênis dos seus violadores sem rosto. Em vinte ou trinta páginas, a primeira se prostitui para cinco homens enquanto é filmada e a segunda é estuprada por quatro colegas da sua idade. Chegam a agredi-la com um tapa que faz seu lábio sangrar, derrubá-la com um chute e inserir uma pequena garrafa de vidro em sua vagina. Minha amiga, apesar de impressionada, tinha pais mais liberais que os meus e pareceu encarar aquilo com certa naturalidade. Eu fiquei muito assustada, com as imagens rodando na cabeça por dias até sentir o impulso de revê-las, dessa vez na privacidade do meu próprio computador. Em minha ingenuidade, ignorei a menção a crimes como pedofilia e estupro, comuns nesse gênero – em todos os gêneros de pornografia. Ver algo que eu sabia que não deveria estar vendo era um pouco como fazer parte daquilo. Um deleite dolorido, o primeiro pico de curiosidade mórbida da vida.

Os anos passaram e cresci me aventurando por novos campos, tanto na minha busca por estímulos visuais na internet quanto nas minhas incursões táteis e cada vez mais elaboradas. Tentei introduzir um dedo na vagina, mas ela era quase totalmente fechada e parecia insensível se comparada à extremidade do clitóris. Também experimentei estimular o ânus, mas não lembro se gostei ou não. A ideia não foi minha, e sim de um dos muitos homens com quem conversei em alguma sala de bate-papo online. Eu já era um pouco mais velha e gostava de ler relatos em um site chamado *Casa dos Contos Eróticos*, embora achasse a maioria deles ruins, mesmo naquela idade.

Nessa época ganhei meu primeiro celular, um tijolinho de carcaça azul. O modelo vinha com um ancestral dos aplicativos atuais: um sistema de recebimento de mensagens pagas de notícias como esporte e horóscopo, além de bate-papo, e era esse último que se prestava ao intuito que me interessava. Virgem, trocando apenas mensagens de texto, povoei a imaginação de dezenas de marmanjos do outro lado da tela. Muitos pediam meu número de telefone, o qual, por motivos óbvios, eu jamais compartilhei. Raramente mentia sobre a minha idade ou sobre a falta de experiência e, em anos de conversas ilícitas, só dois homens se negaram a teclar comigo. Talvez alguns fossem menores como eu; a maioria parecia carente, transbordando de desejo, homens entediados com a rotina ou o casamento e que, nas palavras deles, gostavam de fantasiar com uma ninfeta. Na manhã seguinte, no colégio, eu relia as mensagens trocadas durante a noite, me deliciava uma última vez e apagava tudo, com medo que minha mãe as visse. De tempos em tempos, sentia uma certa culpa. Mas, como não havia contato físico, eu não via problema em provocar o desejo em homens que nunca tiveram identidade ou corpo. O problema foi que eles também provocaram o meu desejo, deixando em mim duas profundas marcas.

A primeira marca, que considero inspiradora, é a da potência erótica da linguagem, do seu poder de instigar a libido. Algumas dessas mensagens, de maneira impressionante para alguém com a memória relativamente fraca, eu me recordo até hoje, palavra por palavra. Doze anos depois, percebo o quanto me atraía a escolha dos verbos que designavam a mera inserção do pênis em um dos três orifícios. Meter, enterrar, invadir, foder, socar. Eles faziam a penetração parecer intensa, dolorosa e sensual, e foi provavelmente nesse período que formei a ideia do que eu deveria sentir quando essa parte do corpo de um homem me adentrasse. Nenhum deles, no entanto, fazia parte do meu dia a dia, pois minha mãe era bastante rígida e não tolerava palavras de baixo calão. Eram os meus verbos de cabeceira, palavras que me excitavam pela sua essência mais simples e dura, até mesmo quando dissociadas do falo. Lembro, inclusive, do quanto fiquei chocada com o uso de um verbo muito comum, que nenhum homem tinha usado até então em uma mensagem. *O meu pau esta rasgando a sua boceta*, teclou ele, omitindo o acento. Pouco depois, dentro da fantasia onde estávamos protegidos do resto do mundo, ele comentou (ou inventou) que tinha dois irmãos e descreveu a cena: adoraria penetrar minha vagina enquanto os outros me penetrariam simultaneamente na boca e no ânus. Esse homem foi o único que me enviou mensagens com esse nível de violência. Mas eu esqueci todos os outros e não consegui me esquecer dele.

A segunda marca moldou de maneira definitiva meu

modo de enxergar a relação sexual entre um homem e uma mulher, e o que considero excitante a partir dessa verticalidade que há tanto tempo está consolidada na sociedade patriarcal e costuma ser expressa, explicitamente, na pornografia. As jovens devem ser, ou ao menos parecer, inocentes e passivas. Os jovens, desde cedo devem se mostrar ativos, tomando as iniciativas. Do homem, é esperado que conduza a mulher, imponha direta ou indiretamente as suas vontades, que mande, desmande e se satisfaça com o corpo dela, exercendo o seu domínio, seja através do prazer, da dor, ou da combinação de ambos.

Muito tempo ainda se passaria antes que eu entendesse e abraçasse minhas tendências sadomasoquistas. O fato é que essas marcas foram permanentes. Mesmo que o tempo tenha suavizado seus relevos, os traços ainda permanecem sobre a minha pele. Como estigmas, eles assinalaram a minha carne.

Meu primeiro contato com a pornografia produzida no ocidente demorou bem mais para acontecer. Eu estava com 18 ou 19 anos, claro que já tinha visto fotos de nudez e de sexo explícito online mas, por receio ou desinteresse, um vídeo pornô completo foi algo que demorei muito para ver.

Poucos segundos daquilo, no entanto, foram suficientes para me atingir como um tapa na cara. Uma sensação desagradável para quem estava acostumada com a intensidade monocromática dos quadrinhos japoneses – e com, no máximo, episódios ruins de *hentai*. Os vídeos eram reais porque havia pessoas de verdade, mas elas trepavam de maneira extremamente mecânica e artificial. O foco na penetração a seco, com homens que não gozavam nunca, dava a impressão de uma longa massagem mal feita e sem final feliz. Quando ocorria a ejaculação era sempre sobre o rosto da mulher. Ator e atriz não conversavam, só gemiam ou gritavam de maneira falsa, como se interagissem só com a câmera que os filmava. Não me interessava a simulação de sexo entre uma mulher que não gozava e um homem que ejaculava sem dar mostras de que sentira prazer de fato. Assim, desisti dos vídeos pornôs e voltei para os *doujinshi*, onde inofensivas *tags* de calcinhas listradas coexistem com as de monstros com dezenas de tentáculos fálicos, onde garotas gozam até revirar os olhos de prazer e os banhos de sêmen nunca acabam. Tamanha diversidade eliminou, ao menos naquele momento, qualquer chance que a pornografia tradicional tinha de provocar em mim uma reação diferente de tédio.

Porém, como tudo se esgota e se esvazia, com o passar dos anos comecei a enjoar dos paraísos visuais de sites como *e-hentai, fakku* e *pururin*. Sentia como se estivesse vivendo em um aquário: privada de um novo estímulo capaz de me excitar com a mesma intensidade e, ao mesmo tempo, anestesiada por tudo que já vira em milhares de páginas em preto e branco. Depois de uma década, eu era uma carangueja-eremita que almejava voltar para o mar.

Pela baixa qualidade dos relatos na internet, eu tinha desistido da leitura deles muitos anos atrás. Conhecera autores de literatura erótica como Anaïs Nin, Sade, Sacher-Masoch, Pauline Réage, Apollinaire, além dos brasileiros Hilda Hilst e Glauco Mattoso; conhecera filmes considerados polêmicos e até censurados em sua época como *Salò* e *O Império dos Sentidos*; conhecera pintura e fotografia de nus artísticos, além de possuir um vasto conhecimento, refinado ao longo dos anos, sobre história da sexualidade, sobretudo masculina. Tivera dois namoros adolescentes e havia iniciado o primeiro relacionamento como universitária, no final do meu primeiro ano de Letras na FFLCH. Embora minha vida sexual estivesse longe de atingir minhas elevadas expectativas, eu era uma jovem adulta e me descobrira uma mulher com forte inteligência e sensibilidade eróticas, a ponto de me interessar bem mais sobre o assunto que a maioria das pessoas.

Apesar disso, era frustrante admitir que meu desejo era igualmente forte, e que poucos haviam sido os momentos a dois em que me sentira realizada. Eu queria muita excitação, fortes emoções, experiências novas. O meu orgasmo é consequência, e não causa, desses requisitos. E era com amargura que eu sentia esse desejo, na maior parte das vezes, ser extravasado somente quando eu estava sozinha. Era o meu segredo mais obscuro: eu só gozava de verdade mergulhada até o pescoço na violência da pornografia e no silêncio da masturbação.

Eu estava mais velha, mais experiente, e por isso tinha uma boa noção de como obter o estímulo desejado. O *redtube*, só para citar um exemplo, foi uma opção rapidamente descartada, pois tinha vídeos de todos os gêneros, embora também oferecesse os do tipo que eu mais gostava. Assim, procurei na internet até descobrir o *goBDSM*. Como partes de corpos mutilados, esse site disponibiliza vídeos gratuitos de dois a cinco minutos com cenas de produções especializadas em vídeos de sadomasoquismo. E foi para lá que a minha ânsia me arrastou, encontrando o que queria e clicando sem pensar no botão de *play*.

De certa forma, era exatamente o que eu precisava, pois

meu choque ao ver aquelas imagens causou uma reação imediata. Quase todas as práticas que eu conhecia estavam lá, com uma diferença brutal – haviam saltado do papel, um campo puramente fictício e lúdico, e eram executados por pessoas reais bem diante dos meus olhos, diante dos olhos de qualquer um com um computador ou celular com acesso à internet. Fiquei impressionada com o nível de degradação a que a pornografia tinha chegado. Na minha opinião, alguns vídeos podiam ser considerados sessões de tortura, e não era à toa que neles a atriz aparecia de roupão nos segundos finais sorrindo e acenando para a câmera. Em pouco tempo eu descobriria que todos os limites do que é humanamente possível em termos de sexo haviam sido ultrapassados.

Até para mim, que me julgava habituada, tive a impressão que passar os olhos por uma história em quadrinhos com estupro coletivo e ver um vídeo desse gênero são experiências completamente distintas. A principal diferença é que os japoneses não costumam incluir nas histórias uma coerção que não seja sexual. O roteiro é sempre o mesmo: as garotas são iniciadas à força, sofrem múltiplas penetrações, aprendem a gozar durante o processo e se tornam, até a página final, escravas sexuais cobertas de esperma. Há variações, mas não é comum encontrar agressão física como eu encontrei por acaso, aos 12 anos, logo no segundo *doujinshi*. De forma que, nesses vídeos, me chocou a quebra dessa regra à qual eu me habituara. Vários homens, não contentes em simular o estupro de uma única mulher, batem e pisam no rosto e no corpo dela, manipulando-a com uma indiferença atroz. Vi muitos vídeos em que a atriz também era amarrada, chicoteada e estrangulada. Outros envolvem choques, grampos, varas. Tenho o costume de desligar o áudio, mas em alguns deles elas choram, gritam, e suas expressões denunciam uma dor que não pode ser fingida.

O intercurso, cuja representação não costuma ser realista no desenho, atinge uma variedade e multiplicidade animalescas. Altamente treinados, drogados ou ambos, seja em gravações digitalmente aceleradas ou não, os atores fodem com toda a força e velocidade de que são capazes. Um homem mete onde o outro acabou de meter. O mesmo homem enfia na vagina e logo em seguida no ânus ou vice-versa. Inserem três, quatro ou cinco dedos e até a mão inteira. O primeiro vídeo em que eu vi uma dupla penetração anal e em seguida uma vaginal me marcou. Mas não acreditei quando, poucos segundos depois, me deparei com uma tripla penetração. Algo que parecia quase impossível fisicamente, com dois homens, um por baixo e outro por trás penetrando a vagina, e o terceiro por cima penetrando o ânus, enquanto a mulher, de quatro, recebia os três ao mesmo tempo. Eu não conseguia parar de olhar. Não só esse vídeo como muitos outros. Fazia isso uma ou duas vezes por semana, repetindo alguns deles, mas vendo sempre de cinco a dez vídeos de cada vez. Olhava até sentir que estava excitada a um ponto que beirava o insuportável, mas também em um estado de desconforto e saturação diante de tanta brutalidade, uma vontade de parar e de não querer ou não conseguir parar. E foi só aos poucos, com o tempo e a experiência, que eu entendi o que de fato estava acontecendo comigo.

Eu estava viciada.

Não pelo ato em si, mas pela violência que o permeava. Desprovido de agressividade, o sexo para mim não significava nada. E quando enfim entendi o que havia acontecido, soube que algo dentro de mim se quebrara e não poderia mais ser consertado. Ser amada não era mais o bastante. Ser desejada por um impulso indolente e fraco para mim era o mesmo que não ser desejada. Eu queria mais. Ser conquistada, conduzida, arrebatada e arrasada pela paixão e pelo membro de um homem. Eu queria ser deixada de joelhos somente com a força do seu olhar. Não queria vinho, a menos que ele derramasse o líquido da garrafa sobre a minha pele. Não queria velas, a menos que ele usasse a cera quente para fingir que me queimava. Não queria rosas, a menos que ele me fizesse comer as pétalas arrancadas. Não queria uma lareira, e sim um incêndio que nos consumisse e nos fizesse gozar em fúria alucinada. Eu não era normal. Como poderia ser? Quando foi que o meu desejo de atenção se tornou um desejo de agressão? Em que ponto eu mudei? No que fui transformada? Até onde eu iria para suprir essa carência, satisfazer sozinha a minha insatisfação?

A minha primeira vez, à beira dos meus 18 anos, foi doce e rápida. Na época, eu o amava. Era noite e eu estava no meu quarto, montada nele em um colchão sobre o piso de tacos de madeira. De repente, entre beijos e abraços, conduzi o pênis para dentro de mim, deixei que entrasse alguns centímetros, movi um pouco os quadris e parei assim que comecei a sentir dor. E foi isso. Não lembro quanto tempo demoramos para repetir a experiência, mas a iniciativa costumava ser minha. Tenho a vaga lembrança de ter me deparado com uma mancha mínima de sangue na calcinha um dia ou dois depois dessa primeira relação. Não sei mais se apenas criei essa lembrança para me convencer da perda da minha virgindade. Desde o começo, eu precisava ter deixado, ter exigido que ele assumisse o controle, não só na primeira, como em todas as vezes. Eu nunca tive a sensação de ter sido tomada, marcada, possuída de fato. Fiquei obcecada pela posse. Por uma penetração tão absoluta e completa que não deixaria qualquer dúvida quanto a minha submissão consentida. Por diversas, sucessivas e incessantes penetrações como essa.

Cinco homens usam uma única mulher, fazendo um círculo e se masturbando em cima dela. Obrigando-a a chupar um de cada vez. Ou dois, enquanto o terceiro se esfrega em seus seios, o quarto em suas coxas e o quinto entre as nádegas. Cansados das preliminares, começam a meter. Ao mesmo tempo. Dois nas mãos, um na boca, dois na vagina e no ânus. Ela dá prazer aos cinco e faz com que todos gozem nela.

Quatro homens usam uma única mulher. Ela chupa dois e masturba os dois que restam. Ou ela chupa um deles esfregando um em cada mão, com o último apertando e se esfregando nos peitos. Todos se masturbam. Os quatro socam tudo, dois na boca, um pela frente e outro por trás, gozando dentro dela.

Três homens usam uma única mulher, esfregam-se em seus seios, nas coxas e nádegas. Estão prontos para invadi-la. Ela recebe um em cada buraco e satisfaz os três, cujas mãos ficam livres para agarrar e apertar o corpo dela até gozarem.

Dois homens usam uma única mulher, que se alterna chupando e masturbando os dois. Ambos enterram nela e gozam preenchendo-a por completo.

Enfim, um único homem fode uma única mulher; do modo mais perfeito e absoluto. Unidos perfeitamente, sem faltas nem excessos. Na boca, vagina ou ânus, no vão entre os seios, coxas ou nádegas, nas dobras das axilas, nas dobras dos joelhos, se esfregam no rosto ou nos cabelos, entre os dedos das mãos e dos pés. O membro masculino pode ser glorioso em sua potência finita, mas o corpo feminino é magnífico em sua infinitude sem falo. A mulher é um órgão sexual todo e sensível, capaz de dar e receber prazer com cada mínima parte. Uma criatura sublime a serviço da atividade que é exercida defronte ou detrás, sobre ou sob, nunca contra, sempre a seu favor. No ímpeto de torná-la fraca, o sexo dominante gasta a sua força, se não de uma vez, aos poucos. Esgotado o impulso ativo, esgota-se o próprio homem – ferramenta por condicionamento, tornado insensível em qualquer outra parte, destinado ao nada que é martelar como um cego. Assim que um martelo para, outro começa, e outro, e outro, e mais outro. Como uma obra incompleta, o sexo recessivo resta.

Diante disso, eu me pergunto: pode um homem experimentar uma satisfação como essa? Ser servido na mesma medida em que todos dela se servem, deusa entre adoradores, rainha entre escravos, musa entre poetas? Com 24 anos de vida, 12 como onanista, seis como sexualmente ativa, descobri qual é a vantagem das mulheres. Então fode, desgraçado, mais forte, mais rápido, enfia tudo e goza dentro de mim, porque eu só saio de cima depois que engolir a última gota da sua porra.

III.
Sonho fálico

[2015]

HIC HABITAT

FELICITAS

Seis horas, toca o despertador.
   Depois de um ou dois cochilos de cinco minutos, menor unidade de tempo antes do despertador tocar outra vez, começa mais um dia, mais uma enfadonha manhã de segunda-feira.

Entro no banho. Saio enrolada na toalha, alisando os cabelos molhados e curtos. Curtos um pouco acima do ombro. Ao me vestir, caminho descalça pelo apartamento com a confiança de quem vive sozinha. Calço os tênis preguiçosamente. A cozinha está uma bagunça, deixei a louça do fim de semana acumular de novo. Lavo um copo e um prato e sujo mais uma colher e uma faca para beber café com leite e comer duas fatias de pão de forma tostadas na frigideira enferrujada.

Na hora de sair, com a mochila nas costas e a chave nas mãos, acabo olhando para o quadro ao lado da porta do apartamento. Por um momento, esqueço quem sou e para onde estava indo. E um sentimento desconhecido, renovado dia após dia há muito tempo, me invade lentamente.

HIC HABITAT

FELICITAS

Desço nove andares de elevador para chegar ao térreo. Da portaria do prédio até a saída da galeria, cruzo com as primeiras pessoas das centenas, milhares que vejo todos os dias, de segunda a sexta. Ao alcançar a rua, os ruídos se multiplicam. A buzina dos carros, o alarme do estacionamento, a sirene da ambulância virando na entrada do hospital, as vozes e a marcha apressada dos trabalhadores: seguranças, enfermeiras, balconistas, operários, policiais, camelôs, taxistas, faxineiras. Os bêbados que levantaram cedo para virar a primeira dose de cachaça no bar da esquina. Os indigentes encostados pelos cantos. Pedestres que atravessam a rua estreita sem semáforo quase sem olhar e motoristas que por pouco não os atropelam. De frente para a galeria há um hospital, descendo a primeira à direita, um quartel.

Atravesso, ignorando um grupo de curiosos no meio da rua. Caminho apressada para o metrô. A calçada é larga, metade dela ocupada pelas barracas dos ambulantes, a outra metade pelo fluxo constante de pedestres indo e vindo. Hoje, porém, está vazia.

Não paro de andar, com a estranha sensação de que algo

vai acontecer. Dois policiais andam em sentido oposto. Eles caminham na minha direção, embora eu não consiga ver seus rostos com muita nitidez. Quando nos cruzamos, eu os cumprimento com um aceno de cabeça.

Em segundos, um deles pega o cassetete e acerta as minhas pernas. Com um gemido mais de espanto que de dor atravessando a garganta, caio de joelhos aos pés deles. Ouço risos. O outro policial torce os meus braços para trás e me manda ficar quieta. Seu colega me puxa pelos cabelos, tira a pistola do coldre e aponta para o meu rosto.

Abra a boca.

Ele pressiona o cano frio contra os meus lábios. Berra um palavrão. Tremendo, ouço risadas novamente. Não sinto nada da cintura para baixo e o coração dispara no peito; percebo, aterrorizada, que vão quebrar os meus braços ou os meus dentes se eu não fizer o que mandam. Abro a boca devagar. O policial engatilha a pistola, me encarando com um sorriso cruel. Atira.

Seis horas, toca o despertador. Acordo com um sobressalto e passo a mão na boca, sentindo um gosto amargo.

Entro no banho. Saio enrolada na toalha, alisando os cabelos molhados e curtos. Curtos na altura do queixo. Ao me vestir, caminho descalça pelo apartamento com a confiança de quem mora sozinha. Calço os tênis distraidamente. A cozinha está uma bagunça. Lavo um copo e sujo mais uma colher para beber chocolate com leite e comer biscoitos água e sal direto do pacote.

Na hora de sair, com a mochila nas costas, olho para o quadro ao lado da porta do apartamento. A antiga imagem, em tons terrosos, combina com a moldura de um amarelo-claro desbotado.

Desço nove andares de elevador para chegar ao térreo. Durante a viagem, sinto tontura e um pouco de enjoo. Cumprimento o porteiro com um bom dia nauseado. Ao ganhar a saída da galeria, não consigo mais ficar de pé. Mesmo assim, não paro de andar. Cambaleio diante dos carros, ouvindo a sirene da ambulância virando na entrada do hospital. Pisco várias vezes até que meus olhos se fecham e começo a cair. Um médico do hospital me ampara, impedindo que eu seja atropelada.

Ela está passando mal, diz uma pessoa de um grupo de curiosos que se forma no meio da rua.

Alguém segura a minha mochila, me oferecem água de uma garrafa plástica. O médico carrega sem dificuldade meus 45 quilos, entrando no hospital. Tudo gira ao meu redor. Sei que pegamos o elevador, saindo no corredor em direção a uma sala onde duas enfermeiras nos aguardam. Sou deixada em uma cadeira com uma cortina em volta e, mal recupero parte da consciência, recebo uma série de instruções: tire a calça e a calcinha, coloque a camisola e se deite na maca quando estiver pronta. Meio inconsciente, obedeço sem questionar. Afastando a cortina, nua da cintura para baixo sob a camisola, desabo sobre a maca. Então uma das enfermeiras levanta as minhas pernas, apoiando-as em suportes de metal que as deixam grotescamente abertas. Olho para cima, a mente desperta.

Enfim, percebo, estou dentro de um sonho.

Antes que eu pergunte o que está acontecendo é tarde demais. A mesma enfermeira segura os meus braços para que eu não possa escapar. Com um olhar gélido, o médico me manda relaxar. A outra enfermeira lhe entrega um objeto metálico e desproporcional, que só depois de alguns segundos eu consigo assimilar: um espéculo. É o maior que eu já vi, muito diferente dos de plástico, menores e descartáveis, que aprendi a suportar durante os exames ginecológicos anuais. Toda a minha musculatura interna se contrai, a pele arrepiada de tensão. Estamos sem vaselina, avisa a enfermeira. Como se não a ouvisse, o médico se aproxima da maca, empunhando o espéculo seco para o meio das minhas pernas. Isso não vai entrar em mim, penso, não vai entrar de jeito nenhum. Não, não, não!, começo a gritar e a me debater. As enfermeiras tentam me imobilizar, segurando meus ombros e meus tornozelos.

    De repente, o médico avança sobre mim com uma seringa. De tanto medo, não consigo respirar. Fique parada, ele ameaça, você não pode sair enquanto não for examinada. O médico enfia a agulha na veia do meu braço esquerdo. Sinto a voz morrendo aos poucos na garganta silenciada. Antes de fechar os olhos e ser engolida pelas Trevas, ele direciona o metal frio do espéculo para as minhas coxas, cada vez mais perto...

Seis horas, toca o despertador.

Depois de dois ou três cochilos de cinco minutos, começa mais um dia.

Entro no banho. Debaixo do chuveiro, inconformada e trêmula, lavo minha parte mais íntima. Saio enrolada na toalha, alisando os cabelos molhados e curtos. Curtos até as orelhas. Calço os tênis rapidamente. Uso o único copo limpo que sobrou no armário para tomar dois dedos de café puro requentado no micro-ondas. A cozinha está uma bagunça, deixei a louça do fim de semana acumular de novo.

Na hora de sair, com a chave nas mãos, olho para o quadro ao lado da porta do apartamento. Na imagem, uma escultura em baixo-relevo talhada um século depois do nascimento de Cristo. Levo alguns minutos para me tocar que estou atrasada e que preciso me apressar.

Desço nove andares de elevador para chegar ao térreo. Da portaria alcanço a galeria, da galeria ganho a rua, o sono impregnado nas pupilas, o cansaço da noite insone e mal dormida castigando esse corpo que eu desprezo. A cada segunda-feira, cem gramas a menos, duzentos, trezentos, quatrocentos, sumindo definitivamente: a cada segunda-feira, menos visível, e o começo do dia explodindo nos tímpanos com uma orquestra de ruídos típica de qualquer manhã de qualquer rua movimentada de São Paulo.

Finalmente, pego o metrô.

Entro sempre no mesmo vagão, cujas portas se abrem diante de uma escada rolante na estação onde eu desço. Uma transferência, outro metrô, um ônibus. Minha rotina, assim como tantas outras, é baseada nos horários e na ordem correta de cada veículo de locomoção. A vida de 11 milhões[1] de habitantes orbitando ao redor de linhas lotadas de transporte público.

Entro. Portas fechadas, o metrô começa a se mover. São Joaquim. Ao lado das portas, permaneço segurando a barra com os olhos cansados. Liberdade. Sinto uma leve comoção ao ouvir o condutor anunciar o nome da estação mas, novamente, as portas se fecham. Sé. O vagão se esvazia e se enche de trabalhadores, não necessariamente nessa ordem. O apito agudo,

---

1 Em 2023, há mais de 12 milhões de habitantes somente na cidade de São Paulo.

o barulho das portas ao se fecharem. São Bento. Só mais um minuto, preciso aguentar mais um pouco. Só mais uma estação. E então, a *Luz*.

Ansiosa, preparada para descer. Os televisores espalhados pelo vagão brilham com o mesmo anúncio de alguma notícia ou produto qualquer, e em seguida uma imagem muito familiar surge e desaparece em uma fração de segundo.

Viro o rosto para a direita e vejo, entre as silhuetas desalinhadas dos passageiros, um brilho que atravessa as frestas formadas pelas calças, blusões e mochilas. Estico o pescoço para ver melhor e paro, em choque. Em pé, no meio do vagão, há um homem envolto por um contorno branco e rutilante. Sua nudez é ofuscada pela luz que emana do centro de seu corpo. Lentamente, ele se vira na minha direção. Seus olhos são calmos, cheios de uma silenciosa ancestralidade.

De repente, percebo que o homem no assento diante de mim está me encarando. O homem ao lado dele também. E outro, em pé, os dois da frente e os três atrás dele. Sou a única mulher no vagão. Com o olhar, todos os homens me condenam. Começo a suar, o coração acelerado. Estão imóveis, mas me observam quase sem piscar, a expressão indevassável. O nervosismo embrulha meu estômago, faz meu ventre se contorcer. Uma mistura ácida de vergonha e medo me devora de dentro para fora.

O metrô chega, as portas se abrem e estou preparada para fugir correndo, mas eles se levantam para me impedir de descer. Vejo dezenas de braços e mãos me agarrando, me puxando, me empurrando e me arrastando em uma multidão de membros enfurecidos. Sem a menor chance de me defender, sou pisoteada por dezenas de pernas e pés. Só o homem rutilante não se moveu.

Seis e onze. Não toca o despertador.

Quando abro os olhos, estou de pé, nua debaixo do chuveiro. Encostada, a porta do banheiro me faz ter a certeza de que há alguém do lado de lá, me espreitando. É ele. Perco as forças. Ao abrir os olhos outra vez, estou caída dentro do box. A água atinge meu corpo com uma chuva quente. Não consigo me mover. Preciso de ajuda, mas estou sozinha. Acordo assustada. Era um sonho.

Novamente, pego o metrô.

Entro. As portas se fecham. São Joaquim. Ao lado das portas, permaneço segurando a barra com os olhos indiferentes. Liberdade. Sé. São Bento. Só mais um minuto, só mais uma estação e eu desço. Está próxima.

A *Luz*.

Viro o rosto para a direita e vejo o homem rutilante no mesmo lugar, seu brilho se destacando em meio ao preto, ao jeans escuro e aos azuis e verdes das roupas dos passageiros. Ele está virado na minha direção. Mas seus olhos, que estavam serenos, agora me questionam com insistência.

O que você quer saber?

Olho ao redor. Sou a única mulher no vagão. Sou a única pessoa no vagão. Todos, exceto o homem rutilante e eu, simplesmente desapareceram.

O metrô começa a se mover mais e mais rápido. Tento

me segurar, mas caio sobre o assento ao lado das portas. O uivo do túnel percorrido em alta velocidade e o guincho do metal rangendo são ensurdecedores. Um forte cheiro de queimado invade minhas narinas. As luzes começam a piscar e de repente se apagam enquanto o metrô segue descontrolado. Olho através do vidro da porta e vejo que o corredor se alargou, formando um buraco gigantesco, negro como as Trevas, e sei que aquele é o nosso destino. Com um estampido, o trem descarrila. Prendendo a respiração, sinto os vagões da frente em queda livre, um a um, até chegar ao meu, que despenca, junto com os de trás, na mais completa escuridão.

Caio de pé como um gato, flexionando os joelhos para minimizar o impacto. Estou sem as roupas e a mochila: nua, meus cabelos compridos esvoaçam abaixo dos ombros. Toco o rosto com as mãos enquanto uma débil luz branca me faz notar, num átimo de deslumbramento, que mesmo sem os óculos enxergo tudo perfeitamente.

O túnel do metrô, mergulhado no silêncio, é uma visão estarrecedora. O semicírculo que se ergue acima do chão é estriado, a parte interna e alongada do órgão de um corpo monstruoso. Caí no buraco, do nível de cima para o de baixo, como se entrasse por uma boca e descesse pela garganta. Quilômetros e quilômetros de túnel se estendem na horizontal, formando um caminho interminável à minha frente e atrás de mim. Olho ao redor, tentando conter a sensação de desespero. As paredes sombrias que me cercam são cobertas de cabos e vigas. Há lâmpadas desligadas sobre minha cabeça e trilhos de ferro frio sob meus pés.

Fui engolida viva. Serei digerida.

Pisco várias vezes, esperando que isso me faça despertar. Faço um grande esforço para manter minimamente a calma, controlar minha taquicardia. A ausência de som é o que mais me assusta. É profunda. Absoluta. Estou gelada. Nunca me senti tão pequena e desprotegida. Abraço os ombros trêmulos e me encolho, ofegante. Só consigo ouvir a minha própria respiração. Para não enlouquecer, me concentro nela. E espero.

Espero cinco segundos, quatro minutos, três horas, dois meses, um ano. Não existe tempo quando não existe nada; "só eu e o fundo eu/ me abrindo comigo/ em silêncio contínuo". Espero o equivalente a um instante ou uma eternidade até que, de repente, eu sinto. Embora ainda não possa ouvir, eu sei. Tem algo e está vindo. Está vindo para me digerir.

Cortante como um choque elétrico, um arrepio me atravessa de cima a baixo quando ouço o ruído metálico de um cabo se arrastando pelos trilhos. O ruído vem de trás, distante e contínuo, mas parece cada vez mais próximo. Estico os braços, olhando para frente, e começo a correr. No escuro, mal enxergo o que está diante dos meus pés. Apenas corro. Mesmo sabendo que é inútil fugir, fujo por instinto. O cabo de metal avança, ferro contra ferro, rilhando enquanto rasteja. Quase sem fôlego, correndo o mais rápido que posso, não me atrevo a me virar. Está cada vez mais próximo. Então, piso torto e tropeço em um desnível entre os trilhos, e com o susto só consigo dobrar os joelhos, me apoiar com uma das mãos e o cotovelo antes de cair. A dor me mantém deitada no chão por um momento. Depois o medo me coloca de pé e as pernas correm sozinhas. Mas é tarde demais. Como uma serpente metálica, o cabo se aproxima, se esgueirando entre os trilhos. Respiro alto, mas o ruído é mais alto ainda. Eu sei. Eu sinto. Está vindo. O cabo se estica e tropeço novamente.

Seis horas, toca o despertador.

Atiro longe o celular de mais de 2500 reais cujo alarme me acordou. Só percebo que estou acordada ao ouvir o barulho da tela se partindo contra a parede. Ainda zonza, levanto e pego o aparelho caído no chão. Olho com desprezo o vidro quebrado do falso apêndice de mim mesma. Na loja não tinha o que eu quero. O que eu quero não está à venda. Abrindo as cortinas e escancarando a janela do quarto, jogo o celular para fora. Em seguida me arrependo. Era o único que eu tinha. Debruçada no batente, não consigo mais vê-lo. Então sou irresistivelmente atraída pelo vento cortando meu rosto, pela liberdade que o céu azul me estende como uma oferenda, pela altura descomunal dos prédios cinzas. Olho fixo para baixo: morte certa. Sem pensar em nada, cumprindo o meu destino, me jogo da janela. Meu corpo despenca dez andares em segundos e se despedaça ao fim da queda. A cabeça aberta, os quatro membros quebrados, órgãos internos perfurados e uma poça de sangue pungente no piso de cimento sujo do prédio de condomínios. Menos uma. A cidade com 11 milhões menos uma segue seu dia como sempre.

Dentro do túnel, apoiada no chão, ergo a cabeça e com um gemido sinto algo me puxando pelo pé esquerdo. Viro para trás e vejo, estarrecida, que o cabo de metal penetrou a pele acima do tornozelo. Tento arrancá-lo, mas o cabo não se mexe. Parecia ter se ligado ao meu corpo. O calcanhar começa a adormecer.

Ainda consigo me levantar. Ando com dificuldade. A luz branca de quando caí no túnel começa a se intensificar como se me seguisse. Ele estava aqui desde o começo. Mas onde? Não tenho mais forças para correr. Não precisei caminhar muito para sentir que o cabo se esticou. Não posso mais seguir adiante. Se eu não despertar desse sonho, é o meu fim.

Como se respondesse aquele terrível pensamento, ouço o ruído de mais um cabo metálico se aproximando. Dessa vez, vem de frente. Em segundos sinto a pressão contra meu pulso direito. Os ruídos aumentam. Perco o equilíbrio quando outro cabo vindo de trás alcança o tornozelo que faltava e um quarto penetra meu pulso esquerdo. Caio sobre os joelhos, as duas mãos espalmadas e trêmulas, olhando para o metal maleável e rígido dos cabos que penetram a pele como se fossem uma extensão dela. Aterrorizada, sem parar de olhar, percebo que as minhas veias azuladas aos poucos se tornam negras. Algo no interior dos cabos caía na corrente sanguínea, fluindo para dentro de mim.

Seis e vinte, toca o despertador.

Depois de ouvi-lo tocar através da tela quebrada antes de acordar de vez, me levanto do piso de cimento do prédio de apartamentos e caminho apressada. Vestida, de mochila no ombro e celular na mão, sei que estou atrasada e preciso correr. Passo reto pela rua pausada como um filme na TV, onde um grupo de curiosos, incluindo um médico, se amontoa como se houvesse uma pessoa caída na rua. Mas não há ninguém. Corro na calçada sem pedestres nem camelôs, na qual dois policiais pararam no caminho, como se olhassem uma pessoa vindo na direção deles. Mas não há ninguém. Desço as escadas do metrô correndo e sem passar a catraca já ouço o barulho do trem. É o meu. Passo o bilhete único, desço mais um lance de escadas e percebo que ele está quase chegando. Olho para a tela quebrada do celular. Seis e dez. Nove, oito, sete, seis. Ergo o olhar e vejo o metrô despontando no início do túnel. Surgindo em alta velocidade, com os faróis acesos como dois sóis, o meu trem. O meu destino. Cinco, quatro, três. Espero que ele se aproxime o suficiente, dou impulso com os braços e as pernas correm para o salto. Dois, um. Meu corpo é jogado diante dele e se estraçalha, irreconhecível, ossos, vísceras, sangue e tripas espalhadas no vão e nos trilhos. Zero. Menos uma.

O silêncio que me atormentava deu lugar ao ruído dos cabos arranhando os trilhos, me cercando por todos os lados. Quatro deles penetram meus braços direito e esquerdo, abaixo do ombro e acima do cotovelo. Os outros quatro se ligam às pernas, abaixo do joelho e no meio da panturrilha. Mal tenho tempo de assimilá-los, a dor me golpeia. Logo acima da nuca, o cabo mais grosso entra rasgando a pele, o meu sangue se mistura com o fluido negro e denso. Um tremor na coluna me deixa enjoada. Cubro a boca, pisco os olhos e um lampejo atravessa as minhas pupilas.

Se soubesse, o que você faria?

Mesmo sentindo os membros dormentes, rastejo. Não sinto mais a luz que me ilumina fracamente. Dois cabos perfuram a lateral da minha barriga, um de cada lado. Quatro entram na pele da parte interna dos antebraços, enquanto mais quatro se ligam à parte externa das coxas. O túnel parecia ter se estreitado, claustrofóbico. Quatro cabos perfuram dois pontos bem próximos das axilas, abaixo da clavícula, e nas laterais das têmporas. Meu rosto perde a expressão, os olhos embaçam e os lábios começam a tremer. Ergo o tronco minimamente e mais dois cabos penetram a região logo acima da virilha. A cabeça lateja como se fosse explodir e o enjoo aumenta a ponto de me dar ânsia de vômito. Cansada e sozinha, levo as mãos ao redor do pescoço e num acesso de loucura penso em apertá-lo o mais forte que puder.

Se soubesse...

Mas eu não sei! Eu não sei! Não sei!!!

Grito tão alto que minha voz ecoa pelo túnel. Eu não sei o que faria! Não sei de nada! Eu não entendo! Continuo gritando, me descontrolando, me destruindo, me desesperando. E acima de tudo, me enganando outra vez. Cubro o rosto, encolhida em posição fetal, num mar de Trevas lamacentas.

eu os vejo todos os dias a cada minuto por toda parte eles estavam aqui bem antes de eu nascer bem antes de eu perceber estarão aqui bem depois de eu morrer eles me perseguem ou eu os persigo já não tenho como escapar não tenho como me esconder não posso me desviar da verdade que encontrei e que me segue aonde quer que eu vá me esmagando com o peso de um símbolo quase tão antigo quanto a humanidade quanto a minha história quanto a minha própria humanidade

Talvez... se eu descobrir o que é um homem, murmuro em pensamento. Talvez eu descubra o que é uma mulher...

talvez eu descubra quem sou eu, penso sem pensar, profundamente submersa nesse mundo que me cerca.

transforma-se
a amadora na coisa amada
por virtude do muito imaginar
não tenho logo mais que desejar
pois em mim tenho
:(a parte desejada);
está no pensamento como ideia
e o vivo e puro amor de que sou feita
como matéria simples
busca a matéria

Respiro normalmente. Não me afoguei. As palavras saíram do fundo do meu ser, livres de reflexão e julgamento. Como se há anos vivesse em mim aquela verdade entre as mentiras que eu criei. A descoberta do outro sempre foi o meu encobrimento. A busca pelo outro era a busca de mim mesma.

No mesmo instante, sobre o coração, o último cabo me transpassa. Entra nas costas e sai pelo peito. Da minha boca escorre o fluido negro, e mesmo abertos meus olhos sem vida veem.

A *Luz*.

Tudo ao redor se torna branco. Iluminado e leve. Não há ruído, dor ou pensamento. Só há o meu corpo nu, flutuando em paz. Com os olhos fechados, como se tivesse acabado de nascer.

Estranhamente, eu me vejo. Vejo a cena e faço parte dela ao mesmo tempo.

Não estou sozinha. Sinto sua presença. A forma do homem rutilante surge da luz diante de mim. De repente, ele se aproxima, toca minhas mãos na altura do peito.

E toca os meus lábios com os seus.

Seu hálito de tempos remotos se mistura ao oxigênio. Os olhos límpidos se derramam, sapientes, e o beijo arde com um ímpeto primitivo e latente.

Puro amor que se derrama e, de maneira insana, me confere a lucidez.

Aos poucos, eu o sinto mover. As pontas dos dedos acima dos meus e as palmas abertas maiores que as minhas perdem os contornos. Os lábios, libertos dos limites da forma. Em direção ao meu corpo, o homem rutilante move, me adentrando suavemente. Doloroso sem doer. Sua nudez imaterial, de claridade e silêncio, se funde à minha, hesitante e imperfeita. Assim ele desaparece. Dentro de mim. Enchendo meu corpo e tudo ao redor de um brilho que ofusca a visão.

Milhares de imagens, sentimentos, sons e lembranças passam pela minha mente em uma fração de segundo.

Uma lembrança em especial, de uma tarde qualquer, caminhando pelas ruas do centro da cidade, ressurge. Sem nenhuma razão, ao atravessar o Viaduto do Chá naquele dia, pensei, não é tão difícil. Não é tão difícil assim imaginar como é ser um homem. Depois de tantos anos, eu consigo. É só fechar os olhos e me concentrar com a força de quem faz um desejo. E imaginar que eu tenho o que sempre carrego no peito. Porque aquilo que mais amamos se torna, de alguma forma, uma parte de nós mesmos. Eu acredito que é uma parte de mim. Eu sinto. Eu sei.

E num piscar de olhos, acordei.

Estou na calçada larga que fica no meio do caminho entre a galeria e o metrô. Metade dela ocupada pelas barracas dos ambulantes, a outra metade pelo fluxo constante de pedestres indo e vindo. Os ruídos se multiplicam. Daquela distância, ainda ouço o alarme do estacionamento, além do motor dos carros e motos, as vozes de muitas conversas. Parada no meio da calçada, as pessoas se desviam ou esbarram em mim sem se desculpar. Dobro o braço direito e olho fixamente para a palma da minha mão. Então, vejo uma lágrima cair. Outra lágrima rola, úmida e redonda, e cai na mão aberta que a recebe inconsciente. Não estou chorando. Essas lágrimas não são minhas. São as lágrimas de um gênero.

Do masculino ou do meu?

Durante o sono, a presença dele moveu os meus sentimentos. Acordei transbordando... e aqui estão elas. Aqui estou eu. O que eu faço agora que eu sei?

As lágrimas param de rolar subitamente, enquanto todos os tipos de pessoas, mulheres ou homens, passam por mim como uma multidão de sombras.

IV.

O pervertido da Praça General Polidoro

[2016]

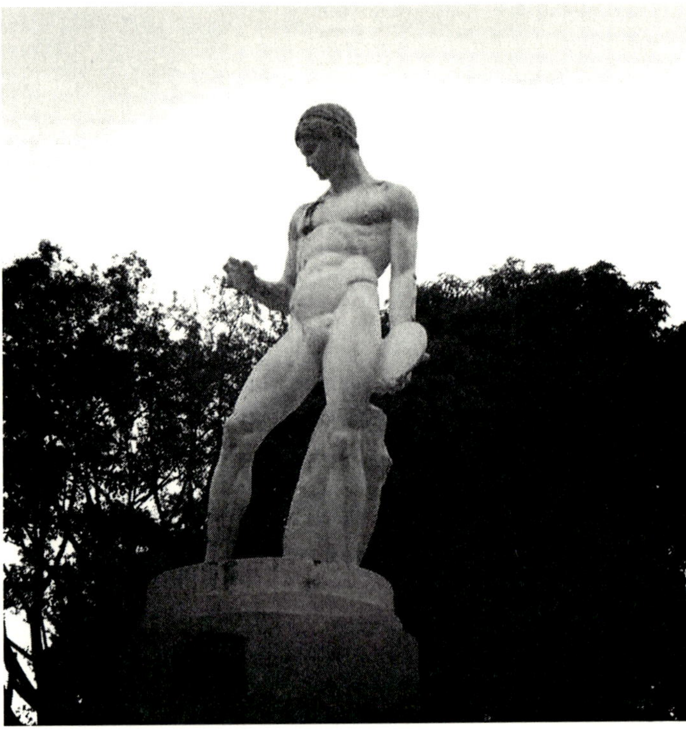

O ano era 2012, meu primeiro na faculdade, e era dia de não fazer nada. Um domingo morto, como qualquer outro. Fechada no quarto, eu *navegava* na internet – nem isso, boiava à deriva, um texto aqui, um meme ali, um vídeo mais adiante – ou, melhor ainda, me agarrava na cama com um livro, preguiçosa e lânguida, afinal, não era dia: era domingo.

Quando penso no motivo que me tirou de casa, e no resultado dessa decisão inconsequente, tenho certeza de que fui punida. Ocupei um dia que não deveria ter sido ocupado com nenhum exercício senão o do tédio. Mas, ao invés de ficar quieta no meu canto, como diria o poeta gauche, tive que desobedecê--lo. Não ame, advertiu Drummond. Amei, e esse foi o melhor e o pior erro que já cometi. Meu castigo foi ser confrontada, mais uma vez, com a verdade óbvia, embora incomunicável, com a qual busco me comunicar desde que me entendo por mim mesma.

Tudo começou quando minha mãe abriu a porta do quarto sem bater. Sua irmã quer brincar na praça, você vem com a gente? Era uma pergunta que não aceitaria um não como resposta. Tentei afogar o bom humor dela com uma chuva de protestos: quero ficar em casa lendo, não tenho vontade, não vou fazer nada se for até lá... todos, é claro, em vão. Meu céu nublado não foi páreo para o sol que fazia lá fora e dentro da minha mãe, quase sempre jovial e alegre, e eu quase nunca com um clima diferente de nublado. No meio da tempestade, minha irmãzinha invadiu o quarto e começou a brilhar também. Não teve jeito. Parei a chuva, resignada. Vou, mas levo o livro e só vou ler, trovejei. O céu ensolarado das duas resplandeceu. Fui apressada, pois elas queriam ir de qualquer jeito, naquele momento.

Fomos. Mal nos despedimos da dona da casa – uma falante senhora portuguesa, enfermeira aposentada e amiga de minha mãe há anos, que nos acolheu em seu apartamento após uma tragédia familiar –, e seguimos em direção à praça. O mês era julho. Sei disso porque estava com os cabelos soltos e lisos. Tinha feito uma escova no salão em comemoração aos 22 anos que eu completara dias antes. Usava uma camiseta branca já gasta, calça jeans que não marcava as pernas e um par de chinelos de dedo. Saíra com a roupa do corpo. Um corpo comum vestido com roupas comuns, cuja única característica que se destaca é parecer mais jovem do que é de fato. Não arrumei a franja, não usava nenhum acessório chamativo. Pensamentos, celular e livro: era tudo que eu trazia comigo.

Íamos. As ruas, em sua maioria residenciais, faziam questão de me lembrar qual era o dia da semana. Poucos carros e pessoas passando, os comércios fechados, um número maior de ciclistas, crianças e cães levando os donos pela coleira. Céu azul com nuvens e calor ameno de fim de tarde. Sem dúvida era domingo, pensei com indiferença. Ignorava o evento, assim como os elos daquela reação em cadeia. O primeiro foi a saída de casa. Em poucos minutos, o segundo elo, a chegada à praça, seria encadeado.

A Praça General Polidoro, localizada em um bairro tradicional da zona sul da cidade, consiste em um círculo perfeito. Uma ilha, pedaço de terra cercado de asfalto por todos os lados. Uma grade verde de metal a protege dos carros que estacionam em volta ou a contornam para entrar em uma das ruas próximas, que têm nomes de pedras preciosas. Estradinhas de cimento ao redor da praça permitem a caminhada sem risco de estragar a grama já estragada, enquanto bancos ao lado dos arbustos e árvores convidam ao merecido descanso.

Em uma fonte inativa no centro do círculo, jaz um belo espécime masculino esculpido em pedra. Apesar de malcuidado, o Discóbolo mantém a imponência devido ao porte atlético, herança da clássica estética ateniense. Com a mão esquerda segura o disco mas, por infortúnio, lhe faltam todos os dedos da mão direita. A nudez de um cinza sujo do atleta inanimado atrai meu olhar naquela tarde arrastada, muito embora o infeliz seja assexuado. A famosa folha de figueira esconde a parte ainda mais famosa, a qual, é claro, não chegou sequer a ser esculpida. Sem que eu possa controlá-los, meus pensamentos invadem um campo perigosamente subjetivo, evocam imagens e símbolos.

Divagações insuficientes para despertar em mim a mulher intelectual e a impudica, adormecidas enquanto a filha e a irmã mais velha estão despertas. Estava ali com uma função primária, a de acompanhá-las, e secundária, a de ler sem ser incomodada.

Toda praça tem crianças barulhentas, cachorros inconvenientes e adultos ainda mais insuportáveis, contando as horas para aquela tortura terminar. Todos compartilham em silêncio a mesma sina de um dia inteiro dedicado à família. A Praça General Polidoro não era exceção, nem minha sina muito diferente da deles, ao menos até aquele momento. Minha irmã brincou pouco com as outras crianças. Logo ela e minha mãe encontraram coisa melhor para fazer, subindo em uma árvore grande o bastante para diverti-las por um tempo. Eu desabara em um dos bancos de cimento, lendo sossegada sob a sombra de outra árvore.

Entretida pela leitura, me senti leve como um céu desanuviado. No entanto, distraída pelos sons ao meu redor – o murmúrio do vento nas folhas das árvores, a respiração do motor de um ou outro carro que dava a volta na praça, os latidos dos cachorros que corriam soltos, os gritos estridentes das crianças brincando –, de vez em quando erguia os olhos com interesse, procurando algo novo para ver. Eu não sabia, mas as condições para a realização do evento estavam quase todas ali. Sair de casa, chegar na praça, sentar no banco. Naquele exato, concreto, solitário banco. De costas para a grade, camiseta surrada e cabelos livres refletindo a luz do sol que atravessava os galhos da árvore sobre mim. Um corpo de adolescente, com uma mente de adulta que tentava a todo custo se fixar nele. Um corpo relaxado, quase desprovido de movimento. Um corpo de mulher. Um corpo.

Ergui a cabeça de leve e, por alguma razão, olhei por cima do ombro. Um carro preto se aproximava mansamente da calçada e parava atrás de mim. Três metros, no máximo, era a distância que nos separava. Rua, calçada, grade e grama. Na rua, o banco do motorista. Na grama, o banco da praça. Ao volante, um homem asiático, de cabelos escuros e pele em tom de amarelo. Com o vidro aberto, o carro preto bem próximo, o rosto dele se revelou para mim sem surpresa. Curiosamente, a memória atual não acessa os traços faciais ou a cor da camisa que usava. Seja como for, o breve contato visual foi interrompido em segundos. Endireitei o ombro, virando para frente, e retomei a leitura. Vi sem ver, com a atenção dos desatentos e a esperança daqueles que nada esperam.

Eu não sabia, mas o quarto e último elo da reação acabara de ser encadeado. Quantos minutos se passaram, eu não saberia dizer. A cadeia se fechara ao meu redor. Saída, chegada, lugar e hora. O meu castigo seria executado em praça pública e, por uma grande ironia, dentro de um círculo perfeito. Diante daquele atleta grego mutilado. Qual de nós dois ficaria mais chocado? Ele, cujos olhos marmóreos chorariam, de alegria ou de tristeza, ao descobrir do que fora privado? Ou eu, cuja natureza feminina nunca me permitiria entender algo além dessa privação? Depois que coisas assim acontecem, não paramos de procurar motivos e lamentar a nossa sorte. Mas os motivos não existem e a sorte é uma deusa irônica, rindo de boca fechada, feito Mona Lisa, da tragédia humana.

Terminei de ler. Fechei o livro e me levantei de uma vez, com satisfação. Joguei os braços para cima, me espreguiçando como se quisesse crescer. Sem motivo me virei e o evento ocorreu, me atingindo com a violência de um açoite, em plena luz do dia, para que todos tivessem certeza de quem era a culpada. Com o vidro aberto. O carro preto bem próximo. O rosto coberto pelas folhas da árvore. O homem se masturbava e, ao notar que eu o surpreendera, parou.

Paramos.

Os sons silenciaram.

Congelados, repentinamente, no tempo.

Meu olhar assustado e a mão nervosa do homem suspensos.

Um instante que durou para sempre.

Nem mais, nem menos.

Movemos.

Aos poucos me afastei, dando um ou dois passos para trás. Meu choque foi tamanho que não tive reação. Creio que não desviei o olhar por ter reconhecido aquela situação como uma anomalia e aquele ser como uma ameaça. Eu quase podia sentir sua respiração acelerada. Ele não parecia esperar que eu me levantasse. Nem sequer se mexeu, contendo, durante aqueles segundos, o rápido movimento que executava segundos antes. Como em um cenário montado, a folhagem da árvore encobrira o rosto do homem por completo, mas expunha o quadro do pescoço para baixo. Foi nesse exato momento que esqueci o rosto dele. A nova imagem, muito mais impactante, substituiu a outra na memória de maneira irreversível. Fiquei parada, só olhando, enquanto um sentimento familiar de estranhamento, confusão e revolta me consumiam como uma chama no lado escuro da mente. Então, tão depressa como havia começado, o evento terminou. O vidro se fechou, o carro preto deu ré e foi embora da mesma forma que estacionou, sem despertar suspeitas.

De repente, tudo começou a ruir diante do que aquela perturbação representava, emergindo até a superfície da normalidade com o seu gesto interrompido de obsessão. Era uma falha no sistema organizado, uma rachadura que despontava no horizonte límpido prenunciando o caos. De repente, o marasmo de domingo foi violado, a notícia irrigada de sangue atraindo o olhar para a exposição da realidade mais dura. A verdade crua, que mal passava pela minha cabeça, mas que estava lá e sempre esteve, remota e latente. De repente, percebo que só esperava um deslize para desabar, romper a razão e me entregar à compulsão do meu vício. Tudo a minha volta girava em um grande círculo.

Um círculo *vicioso*.

Desorientada, olhei para todas as direções. Vi mais dois carros pretos e imaginei que eram o mesmo carro do homem rondando a praça. Um pânico de que ele ainda estivesse por perto me dominava. E, no entanto, o tempo voltara a correr, os sons a se espalhar como uma onda ininterrupta – crianças, cachorros, motores. Por sorte, ninguém mais viu o que eu vi. Ninguém mais sabia o que eu sei. A céu aberto, minha perversão havia sido exposta para mim mesma. O segredo revelado uma primeira vez e redescoberto muitas e muitas vezes. Não conte, sussurrou o poeta gauche com o vento.

Não contei. Corri para perto da árvore onde minha família se instalara e chamei-as com uma nova tempestade, muito mais torrencial que a do começo da tarde. Expliquei de um jeito que minha irmãzinha não pudesse entender que tinha visto um pervertido. Como deveria me referir a ele? Não era um exibicionista; perdeu toda a desenvoltura após ter sido pego. Espero que não seja um pedófilo; a poucos metros de distância várias crianças, inclusive minha irmã, brincavam inocentes. Seja como for, com a força de uma enchente, arrastei as duas para baixo. Apressei-as, pois nós precisávamos ir de qualquer jeito, naquele momento.

Surpreendentemente, minha mãe não deu importância ao fato e, como já havia matado a vontade de subir em uma árvore depois de tantos anos, não se aborreceu por ter sido forçada a deixar a praça. Minha irmã foi apenas ela mesma, falando alto e nos irritando o caminho inteiro.

Em casa, a portuguesa nos recebeu com gritos de boas-vindas, a tevê ligada em volume máximo e a leiteira fervendo esquecida no fogão. Ela e minha mãe começaram a conversar. Minha irmã foi ver um filme na sala e eu fui para o meu quarto. Como se nada tivesse acontecido, o universo voltara ao seu normal. O céu fechado, com a noite caindo aos poucos e a apatia do fim de semana se transformando na agitação do começo da semana seguinte.

Espero que não seja um pedófilo, repito para mim mesma. No fundo, algo me dizia que não era. Eu poderia fazer inúmeras perguntas sem ter uma só resposta, sobretudo para o único ponto de interrogação que eu gostaria que viesse seguido de uma sentença afirmativa. Por que eu? Não é justo ser obrigada a ver o que qualquer outra veria normalmente. Por isso a deusa da sorte, feito Mona Lisa, ri de mim com seu sorriso torto, bem cerrado para não esgarçar a boca em uma risada sardônica.

Através do vidro da sacada, o dia vira de cabeça para baixo e a noite assume seu lugar lentamente. Guardo o livro na estante. Coloco o celular para carregar. Paro. Domingo é dia de descanso, e ocupá-lo com qualquer outro exercício, inclusive o do pensamento, é um crime digno de punição. Sem fechar os olhos, míopes mas precisos como uma câmera fotográfica, acesso com facilidade a imagem de captura recente, impressão permanente na retina. Se o castigo for esse, foda-se, onde quer que ele esteja.

a
n
o
r
e
x
i
g
ê
n
i
o

a failproof diet

[2017]

percebi que o meu jeito de andar está diferente. mais
lânguido. mais lento. uma lacuna na mente deixa o corpo
leve. só as pernas pesam. andar ficou mais difícil. um *lag* quase
imperceptível entre os movimentos e o comando do cérebro.
coisa de fração de segundo. mas ainda coisa. meu jeito de
comer também está diferente. mais distante. mais demorado.
mutilado pela culpa, o prazer de antes desapareceu. agora é
um prazer ausente. restrito a quantidades ínfimas. o mínimo
do mínimo do mínimo. por enquanto como apenas verduras
legumes algumas frutas e ovos. alimentos incapazes de
provocar a menor compulsão. muita água vinagre chá verde.
café me acorda. chiclete me distrai. cigarro me relaxa. três
comprimidos: vitamina d (deficiência por falta de sol)
doralgina (dor constante nas têmporas). dramin (tontura me

derruba). é o bastante. nada me falta. mas sei que sou inútil nesse estado. sobrevivo com os dias notas e calorias contados. a fumaça traça um risco no ar. arrasto a mão do cigarro para a boca, batendo as cinzas no copo de café vazio. as olheiras surgem de tarde. diante da tela brilhante do *notebook*. durante a noite se afirmam. uma mais mal dormida que a outra. de madrugada se solidificam e pela manhã governam ditadoras sob os olhos curtos atrás dos óculos. ao menos as palavras eu mastigo sem moderação. engoli-las é tarefa de quem lê. cuspo no papel. e estou cagando para os críticos. para isso ainda não sou irrelevante. digito nesse limite. nessa contradição. quando enfim me deito é para me acabar. sei que nesse estado não teria como me defender se fosse coagida agredida estuprada. o gosto ferroso do sangue escala vertiginosamente a minha garganta estrangulada. ouço meu corpo em queda. ouço os risos ao redor. mal consigo me manter sobre os joelhos e apoio o pouco peso no dos homens que me cercam. o debaixo na boceta o detrás no cu o defronte na goela. em volta os demais esfregam o pau enquanto os três enfurecidos me dilaceram. o debaixo me esmaga a cintura o detrás os pulsos o defronte a cabeça. não consigo me mover. sou manipulada. quebrada. me sinto tão vulnerável, tão arregaçada por dentro que é como se nunca mais fosse me fechar outra vez. de repente um deles aperta o meu pescoço. todos estremecem no ímpeto do gozo. sufocada abro a boca e recebo o jato de porra do defronte e de mais dois que se aproximam. os dedos deles me abrindo à força os olhos os lábios as narinas. um gosto entre o amargo e o azedo. e uma ardência insuportável que me cega. choro lágrimas de esperma. o detrás e o debaixo fodem sem parar até que me inundam, se desfazendo. nesse momento sinto o calor e a umidade entre as pernas trêmulas depois do orgasmo. levo a mão à boca. os dedos cheirando a tabaco agora recendem o meu desvio solitário. com a tontura adormeço de novo. e sonho. estou na entrada do apartamento exíguo. comendo sem controle. de tanta fraqueza começo a cair. a visão escurece. a porta da frente está fechada. não tenho a quem pedir ajuda. tento continuar comendo para não desmaiar. acordo assustada. mais pela compulsão que pelo desalento. a atmosfera claustrofóbica carregada de obsessões é sombria. incerta. respiro esse ar diariamente. cada vez menos oxigênio. cada vez mais intoxicada. pensar também ficou mais difícil. a mente desacelerada. mais vaga. mais vazia. as atividades da tarde e às vezes até da manhã interrompidas por cochilos frequentes. de todo modo não há muito o que fazer. não há estudo nem emprego. o apartamento organizado milimetricamente tem poucos móveis e objetos. duas portas. três janelas. não gasto muito tempo com limpeza. desde que deixei de comer refeições inteiras, a louça para lavar diminuiu bastante. deixo a roupa suja acumular semanas. se eu quisesse deixar de limpar os espelhos o vaso ou o chão ninguém reclamaria. se esquecesse de tomar banho pentear os cabelos ou trocar de roupa ninguém repararia. não existe uma só pessoa a quem eu deva satisfação. exceto a voz geradora que ouço pelo celular. a voz que diz se importar comigo em meio aos problemas pessoais dúvidas financeiras reflexões espíritas vomitadas sem intervalos no meu ouvido. vem de longe, de mais de 450 quilômetros e vários meses desde a última vez que nos vimos. mas eu diria que vem de mais longe ainda. de um tempo em que mesmo ela falando eu já não ouvia. e vice-versa. a outra voz era mais grave, embora igualmente distante. essa emudeceu há mais de uma década. felizmente a que sobrou continua com vigor e com vida. é menos agressiva que alguns anos antes. todo mês me envia notas pelo banco e quase todo dia lamúrias pelo celular. fora isso tenho um resto de salário economizado e uma galeria decadente de afetos imprecisos. que filha de merda. se tivesse nascido homem, em uma manhã de segunda-feira seria agora um indivíduo produtivo na sociedade capitalista. mas nasci em uma quinta. sem o quinto membro. uma gata obscena e vagabunda. cada vez que o relógio marca 20:30 fico um dia mais velha. nos dias em que não vejo a hora não envelheço. assim conservo esse corpo apocalíptico de adolescente. assim viverei muito. muito tempo. vagando pela vida como um tremor na parede. uma sombra cansada. um arremedo de mulher. algo me falta. só não sei se é aquilo que sempre acreditei. enquanto isso vou vivendo. da cama para o *notebook* do *notebook* para o sofá e do sofá para o sonho para o gesto para o sêmen para o grito. achei que tinha parado com a pornografia. que tinha saído do chiqueiro. mas descobri que a pornografia estava em mim mesma. uma longa trégua. foram meses indiferente ao vício, um ano fingindo sossego. vendo as páginas em branco e preto como a vitrine de um antiquário grotesco. uma superioridade calculada na expressão empalidecida pela luz da tela. conhecia cada artigo aberrante. cada teia de aranha. cada canto empoeirado. o sexo hardcore, estilo soco na cara tinha perdido o efeito sobre mim. e quando menos espero me pego enrolada entre lençóis e rolas varada por várias varas aberta a pauladas e esporrada com pau e porra em todos os buracos. eu deveria sentir vergonha. e na verdade sinto. gosto porque acho que mereço ou por achar que mereço acabei gostando. afinal eu sou mesmo submissa. sou a porra de uma masoquista. foda-se tudo porque nada faz diferença no mundo. pornografia é como qualquer droga; você usa para se sentir bem mas ela destrói a sua vida. uma ex-viciada tem direito a recaídas. não tem jeito. igual a minha mania de magreza. que não é recente. muito pelo contrário. estava em mim, só esperando a hora crítica da insatisfação para mostrar suas presas. como o horário marcado no relógio. inconstante como os números na balança. não chamo de anorexia. foi uma escolha consciente apesar de inconsequente. comer pouco não é errado. se matar também não deveria ser. é no corpo que me encerro e nele me enterro enquanto viver. leio mastigo cuspo e escrevo. engraçado como a dieta influenciou meu consumo cultural. músicas: as que dão energia. livros: nenhum que fale de comida. filmes: qualquer um com atrizes magras. inclusive os de sexo explícito. e eu inocente insone insalubre consumidora de *hentai* achando que só os japoneses preferem peito e bunda mínimos. logo nos primeiros vídeos de *gangbang* sadomasoquista as costelas à mostra e o vão nas coxas das atrizes me causaram contrações de inveja. corpos femininos delicados esguios. nada contra as curvas. mas ver ou imaginar uma garota pequena e frágil sendo fodida como se fosse rasgar por vários homens ao mesmo tempo gera um efeito nos meus sentidos que nada até hoje foi capaz de gerar. exceto talvez o amor ou a morte. enfim. essa é toda a minha rotina. comer o mínimo e me forçar ao máximo. acordo escrevo me masturbo evacuo adormeço.

no dia seguinte. o mesmo. e o mesmo. e o mesmo. e o mesmo. só muda a ordem e a frequência. às vezes não escrevo não me masturbo ou não evacuo. já passei mais de um dia sem comer e mais de três sem dormir. mas eventualmente farei tudo outra vez. enquanto eu viver, não tenho como escapar. e eu vivo para escrever. no momento não existe algo que justifique minha existência além desse propósito. mas eventualmente farei tudo outra vez. enquanto eu viver, não tenho como escapar. e eu vivo para emagrecer. no momento não existe algo que justifique minha existência além desse propósito. ser pequena fina fraca perfeita. a lógica masculina de trás para frente. quero menos e menos e menos. ser espremida até me enfiarem um funil. comprei uma balança. a melhor que pude pagar com meus recursos escassos. quando acordo a primeira coisa que faço é arrancar camiseta calcinha urinar e me pesar. quando durmo é sempre pensando no quanto perdi e em me pesar no dia seguinte. ser esmagada por uma rola compressora que me amasse feito papel. os números diminuem. ingerindo 500 calorias ou menos, sempre diminuem. *a failproof diet*. acordo sem falta toda madrugada cerca de quatro horas depois de adormecer. e mesmo com a garganta arranhando de sede não bebo água para não afetar o peso. tenho sono. tento dormir. às vezes não aguento esperar e já me peso. às vezes não consigo dormir novamente. me peso. para ter certeza, me peso de novo. coloco a camiseta calcinha tiro e me peso. os números sempre diminuem. e eu quero ainda menos e menos e menos e menos e menos. ser quebrada como palito por mãos grossas e membros grosseiros, passada de uns para outros me socando tudo até os ossos. sumindo. a cada dia. desaparecendo.

e se eu comesse menos? planejo jejuns de dois ou três dias. uma semana só com líquidos e gelatina sem açúcar. será que assim eu desmaio? sempre quis ter essa experiência. antes queria pesar 45. agora quero 42. 40. como meu corpo ficaria se eu pesasse ainda menos? um mórbido desejo de ver os números reduzidos a ínfimos 39 quilos faz meu estômago ranger de excitação. não há limites! só há uma certeza: enlouqueci. estou doente. e estou sozinha. ao meu redor os homens sem nome riem e apontam o dedo. estão de pau mole. rindo da minha impotência. estou agachada no meio de todos. coberta de porra dos pés à cabeça. chorando e cobrindo o rosto. retraio o corpo mas tanto tanto que me encolho até virar uma gosma...

VI.

aquela vez

[2017]

teve aquela vez do olho
sabe que sempre fui cagona com olho?
detesto enfiar o dedo no olho
quando alguém coça o olho na minha frente eu até viro a cara
a maioria das pessoas coça sem dó
nem sabem que isso faz mal
pra quem é míope dói na alma
enfim
tentei usar lente
é claro que foi tenso no começo
bem tenso, eu ainda lembro
mas depois me acostumei e veio a confiança de ter vencido o
                                                                           [medo
e aí teve aquela vez do olho
meu deus estava em pé no banheiro
tinha acabado de tomar banho
e eu como sempre de joelhos
olhando bem de perto como se fitasse um rosto
devia estar chupando
ou lambendo, segurando
não vem ao caso
nem sei por que fiz aquilo
(acho que foi culpa do Suehiro)
mas eu estava de lente, não estava?
segurei firme e fui aproximando do olho direito
toda concentrada para não piscar
e ele cada vez mais tenso
não faz isso, para, o que você tá fazendo!?
e quando senti a cabeça tocar meu olho direito

separados apenas pela finíssima membrana da lente
um choque que me atravessou a espinha fez meu corpo inteiro
[tremer
gemi alto com aquela sensação aflitiva e deliciosa
ele negando e se contorcendo
ao contrário de mim, não sentiu nenhum prazer
eu queria fazer com o olho esquerdo
mas ele não deixou
eu só sei que continuava duro
o hipócrita

                                      teve aquela vez do copo
                                essa não tem como esquecer
                        até porque o copo continua na cozinha
toda vez que eu bebo nele lembro do gosto e da cena
                                      acho que sempre vou lembrar
                                   que teve a vez do copo
                    naquele dia combinamos que ele ia me obedecer
                            comecei mandando pro chuveiro
                                tomar banho e esvaziar a bexiga
               quando saiu completamente nu coloquei a coleira
                        eu só de salto alto, 7/8 de renda vermelha
                      sentei, cruzei as pernas e comecei a fumar
                                  ele ajoelhado aos meus pés
                                e eu me sentindo uma rainha
cuspindo fumaça dentro da boca, dos olhos do meu servo
                                          ele odiava cigarro
                     e eu confesso que gostei de maltratá-lo

deixei-o de quatro
lambi seu cu enquanto batia punheta pra ele
e o tempo todo eu perguntava:
tá com sede?
ele respondia que sim e eu dava água gelada no copo
mais?
ele dizia que não mas eu o fazia beber assim mesmo
e beber, e beber, e beber
passou algum tempo
perguntei se ele queria mijar
mandei entrar no box
apoiei com força o copo vazio sobre o azulejo
estalou, eu ainda lembro
mandei fazer sem derramar
ele obedeceu
encheu o copo
mandei virar de costas, ainda agachado
(isso era importante
porque se eu fizesse cara de nojo ou não conseguisse
não queria que ele sentisse a rejeição)
sentada, ergui o copo diante dos olhos
a urina mesmo limpa ainda cheirava forte
mas sem pensar muito comecei a beber
o gosto era salgado, mordaz
descia rasgando a garganta como uma cerveja morna
e deixava na boca um rastro amargo
um pouco enjoada continuei bebendo cada vez mais rápido
até que sem aguentar mais parei e senti a ânsia de vômito
tossindo, gemendo e tremendo de prazer

                                              ele preocupado
só no dia seguinte medi com água no copo lavado quanto eu
                                                              tinha bebido
                                                              cerca de 130 ml

teve aquela vez do estojo
era bem mais nova quando brinquei
sozinha mesmo
fazia de vez em quando
por um tempo
e confesso que gostava muito da brincadeira
o ruim é que estraga as canetas
o fluxo fica preso entre a carga e o corpo
por isso o melhor são as finas, de tinta vagabunda mesmo
daqueles kits baratos de plástico
comprados na 25 de Março
enfim
peguei o estojo
pedi pra ele ficar vendo
nada de atrapalhar
deitei no chão com as pernas abertas
ele sentou em uma cadeira na minha frente
enfiei a camisinha
e enfiei a primeira
dá agonia no começo
como são muito finas, parece que vão furar por dentro
depois a segunda a terceira a quarta a quinta a sexta
na sétima ri do nervoso dele

sempre enfiando uma caneta entre as outras, nunca ao redor
para não machucar
a oitava a nona a décima a décima primeira
começou a ficar difícil
nem sequer preciso movê-las para sentir
a pressão interna nas paredes
cruelmente separadas, mais e mais abertas
imagino um *show* de mágica
a dama enfiada em uma caixa
e o mago a trespassá-la com as espadas fálicas
a décima segunda a décima terceira
gemi enquanto esfregava o clitóris
ele batendo uma na minha frente
olhei para as mãos, para o esforço bruto daquelas mãos
ainda esfregando enfiei a décima quarta e gozei
a cabeça em uma explosão de prazer
ele gozou logo em seguida
esporrando na minha barriga no peito no queixo
e tirei as catorze canetas de dentro
uma de cada vez

                                              teve aquela vez do sangue
                                                    e que vez
sinto uma emoção difícil de explicar quando me lembro
                                    algo entre o tesão e o terror
                                lembrar me faz perceber o que eu sou
                                    (inumana, algum tipo de monstro)
                                    nem sei quando esse desejo surgiu

li Noite na Taverna no ensino médio
ouvia Cannibal Corpse indo para o colégio
tenho ideias mórbidas desde aquela época
essa quase fantasia de suicídio consentido
enfim
já foi algo eventual na minha vida
mas comecei a pedir pra ele me apertar o pescoço com frequência
a dor no rosto, na cabeça
os sons como num aquário longínquo
o êxtase de perder o ar
e o alívio quando retorno
um relaxamento do corpo todo
como se voltasse à vida um pouco mais leve
no início agressiva, a sensação se abranda no fim
confio que os dedos enormes ao redor do meu pescoço
vão me trazer sempre de volta
e quem sabe não trazer, se um dia for preciso
não vem ao caso
aí teve aquela vez do sangue
assim que ele se ajoelha sobre mim e começa a me estrangular
meu primeiro impulso é pedir mais:
mais... mais... mais forte
pensar mais:
me fode... mais forte...
me mata... de uma vez...
mais... mais... mais... mais...
até que daquela vez aconteceu
acho que fomos longe demais
senti um gosto na boca

esse gosto ferroso e indizível
o gosto do sangue
foi só uma vez
mas não esqueci
dele assustado
e eu pensando
e pedindo
mais...

e teve aquela vez das lágrimas
na verdade foram duas
a primeira faz muitos anos
a segunda um pouco antes
mas eu ainda lembro
eu tinha 19
ele tinha sido o primeiro
estávamos prestes a nos separar
eu agachada, segurando depois de chupar
comecei a chorar
como uma criança que se despede de um brinquedo amado
e como eu o amei
como fiz de tudo para fazê-lo feliz
eu gostava de andar pelo apartamento enquanto o segurava
o primeiro que vi monumento diante de mim
que agora tombava para dar lugar a uma nova estrutura
houve uma segunda, aos 21
e depois uma terceira aos 23
essa terceira, também amada

até mais, e tanto
que aconteceu pela segunda vez
mas só depois que estávamos ambos acabados
estranhos vivendo sob o mesmo teto
morrendo sobre a mesma cama
um dia acordei com ele vomitando
resignada, limpei a sujeira e entrei junto no chuveiro
semanas sem ver a nudez um do outro
fomos para o hospital e voltamos
conversamos sobre nós dois
trêmula de tanta emoção, me encolhi no chão e chorei
não sei se foi sadismo, amor ou carência
mas as minhas lágrimas o armaram num segundo
quando ele me abraçou, percebi o quanto eu queria
e fizemos
dois amantes em decadência alimentando uma chama moribunda
o que importa mesmo foi o momento
em que ele, em um dos arroubos de dominação
me colocou de joelhos
me mandou beijar seus pés
e implorar para chupar
eu chorando de soluçar
tremendo inteira, em desespero
ele me mandando implorar
segurei os joelhos, abracei as coxas
beijando, lambendo, sugando descontrolada
até que de repente veio uma voz de dentro
a voz era minha, mas não foi dita
simplesmente veio

do fundo do meu ser
um desejo imperativo e supremo
desde que nasci
como uma luz acesa
(na "escuridão tensa, vazia
de mim mesma")
e bem de dentro a voz veio:
eu preciso, preciso dele!
mas não precisa ser o seu...

       ...desde então saí pelo mundo
        em busca de um novo deus.

VII.

mártir

[2023]

O que é pênis?
é a pergunta que fala
que nunca cala em mim
como o singelo livro
de José Ângelo Gaiarsa
e como o colosso de João Oliva
o livro *Falo no Jardim*

Eu
o que sou?

eu, que me abusava sem me tocar de fato
e, profundamente amedrontada, revesti meu coração
com uma couraça de aço coberta de arame farpado?

mas
por dentro
sou um cristal
transparente
intransponível
donzela de ferro
com um coração de vidro
diariamente
a se par(t)ir
a se estilhaçar
a escrever sem pudores
sobre beber porra
e abraçar com o corpo
qualquer caralho de
qualquer tamanho de
qualquer macho que me agrade

(somente aqueles com corações perfurados
por múltiplas estocadas
literais e metafóricas da sociedade
mutilados de afeto
deixados sem nada além
do MITO:
a figura insensível do fodedor
de pau duro, de pau grande
enquanto nas mãos seguram apenas
o sutil cilindro da fragilidade
humana, demasiadamente humana

tanto quanto qualquer outra parte
na maior das hipóteses:
uma espada falha)

enquanto eu
no meu fundo
dolorosamente solitária
existo, sangrando
hesito, covarde

ansiando
por uma entrega
impossível
inconfessável
me enganando
e me fodendo
literal e literária
mente

sempre com medo de tudo:
de me despir, de me desnudar
de colher meu quinhão de prazer
a duras penas, entre minha cruz e uma espada

com medo do estupro não consentido
do olhar de censura da moralidade
social, religiosa, pretensamente ética
essa sim, asquerosa
essa sim, reprovável

lixo incinerável

enquanto o meu desejo mais puro
é sorver o néctar da carne
é me encontrar de corpo e alma
com a minha parte que falta
com o homem que almeje
o encontro comigo
na mesma medida
do meu abrigo

"aqui dentro: onde sou suavemente
e bem aí: e onde você é cálice brutal
de lava e lodo, delícia e amargura"

e quanta delícia
há em meu corpo
singelo, silente
molhado e cálido
flor no cio a pingar lágrima
para o estame em riste
que me desarme

para o homem que
como urso
como inseto
atraído pelo mel
apenas venha
apenas abra:

cortando a língua e os dedos nas farpas
derrubando essa couraça
seja com socos, com a violência de arrombá-la
seja com a gentileza de descobrir minha chave

até trazer à luz
arrancar do negro das vísceras
o meu cerne vítreo
meu coração quebrado
a arder por dentro
revestido de gelo
trancafiado

não sou nada
nunca serei nada
não posso querer ser nada
à parte isso, tenho em mim
essa arte
essa parte
esse corpo de mártir
exíguo, esquálido
miniaturizado

essa boca
esse cu
essa cona
a arder de amor
a arder com o sangue de mil armas
sejam brancas, sejam armas de fogo

sejam cobras, sejam lagartas
sejam torres, sejam pilares
sejam mártires alados
Hermes a trazerem
sua mensagem

sejam a metamorfose
daquilo que se ergue
para tombar comigo
infinitas vezes
só para me agradar
só para me banhar
de semente divina
da mesma vida
que me gerou
32 anos atrás

sou uma assassina
sou uma suicida
matar ou morrer
e no *flow*
de um orgasmo
ser exaurida
rir da minha dor
e chorar de alegria
como me queimar
enquanto sou
congelada viva
como sentir a chuva

e sob o mesmo sol
ver o meu arco-íris

sou uma artista
"sou arteira"
engolidora de cabeças
mãe que destrói e (re)cria
estranguladora
doce armadilha
mulher em corpo
com uma alma
levada de menina

por isso agora
não é mais o outro
que encontro
e sim a mim mesma
desnuda no espelho
uƎ Eu
a cada dia aprendo
a me aceitar por inteira
com todo o fardo do passado
toda a carga de tristeza
de solidão e de beleza
que me carrego

femme fatálica
fatalista
invertida

pervertida
felatriz
e falicista
ultrarromântica
assumida
com todas as minhas
nuances de cinza
mais mórbida que a
própria morte da poesia
Alice dos Anjos

e para
o meu
Amor Querido;
o Grande Mago
que guardo comigo
no mais fundo do peito

da sua pungente
escarpada espada
fiz minha pena
o meu caminho
e a minha letra
para com ela escrever
até que o tempo me permita

para viver
esta insignificante vida:
uma em mais de 4,5 bilhões de anos

uma em mais de 8 bilhões de habitantes
uma em mais de 80 milhões de espermatozoides por mililitro
exatos 8 meses e 3 semanas antes da minha vinda

para viver
esta insignificante vida:
que até o término do meu tempo
entrego, em absoluta devoção
(para você e para a escrita)
fazerem dela
o que eu quiser.

Notas

Parte dos poemas citados nestes ensaios integram eu falo, meu primeiro livro.

Eles são: paraíso liberto e No bosque do colégio de freiras ("Origem e obsessão"), motivo para cortar as unhas ("Três contra uma" e "Sonho fálico") e Iconoclasta ("mártir").

Ainda em "Sonho fálico", há uma referência ao soneto de Camões Transforma-se o amador na cousa amada. Em "O pervertido da Praça General Polidoro", ao poema Segredo de Carlos Drummond de Andrade; em "mártir", ao poema em prosa Tabacaria, de Fernando Pessoa.

Em "Origem e obsessão" e "aquela vez" há citações do poema adolescência, remetido à revista eletrônica de literatura mallarmargens em 2021. Por fim, em "mártir", é citado o poema ampulheta, ainda inédito.

Agradecimentos

O ano passado marcou o centenário de nascimento do meu pai.

Este ano, ele completa 20 anos de falecimento no Dia de Finados.

São datas que o aproximam do escritor José Saramago (1922-2010), também de origem portuguesa.

Encerra-se, assim, o meu ciclo da paternidade, iniciado com *eu falo* (2022) e finalizado com *apenas uma mulher* (2023), ambos generosamente editados e publicados pela editora Laranja Original. Juntas, essas pequenas obras compõem a minha duologia autoral.

Nossa origem faz parte de nós, mas não representa tudo que nos define como pessoas. Hoje, posso falar com certo distanciamento da vertigem que fui até os vinte e poucos anos. O fim da juventude encontra o início da maturidade na busca do entendimento, ainda que em retrospecto.

Assim, sigo me apropriando dos meus passos. Que a minha opressão autoinfligida ceda lugar a uma caminhada cada dia mais leve.

Toda a gratidão a vocês que somaram, direta ou indiretamente, para esses *insights* e reflexões, das leituras à publicação deste segundo livro.

Se as minhas palavras puderem significar para outro ser humano, terei encontrado o verdadeiro sentido da escrita.

Índice

my old man and his sea (2017) 11

I. Origem e obsessão (2013) 17
II. Três contra uma (2014) 29
III. Sonho fálico (2015) 45
IV. O pervertido da Praça General Polidoro (2016) 65
V. a 77
   n
   o
   r
   e
   x
   i
   g
   ê
   n
   i
   o

a failproof diet (2017)
VI. aquela vez (2017) 87
VIII. mártir (2023) 99

Notas 111
Agradecimentos 113

© 2023 Alice Quairoz.
Todos os direitos desta edição reservados à Laranja Original.

www.laranjaoriginal.com.br

Edição Filipe Moreau
Projeto gráfico Marcelo Girard
Produção executiva Bruna Lima
Diagramação IMG3

Dados Internacionais de Catalogação na Publicação (CIP)
(Câmara Brasileira do Livro, SP, Brasil)

Queiroz, Alice
   Apenas uma mulher / Alice Queiroz. -- 1. ed. --
São Paulo : Editora Laranja Original, 2023. --
(Ensaio original)

   ISBN 978-65-86042-77-1

   1. Ensaios brasileiros I. Título. II. Série.

23-168314   CDD-B869.4

Índices para catálogo sistemático:
1. Ensaios : Literatura brasileira B869.4
Cibele Maria Dias - Bibliotecária - CRB-8/9427

Laranja Original Editora e Produtora Ltda.
Rua Capote Valente, 1.198 – Pinheiros
São Paulo, SP – Brasil
CEP 05409–003
Tel. 11 3062–3040
contato@laranjaoriginal.com.br

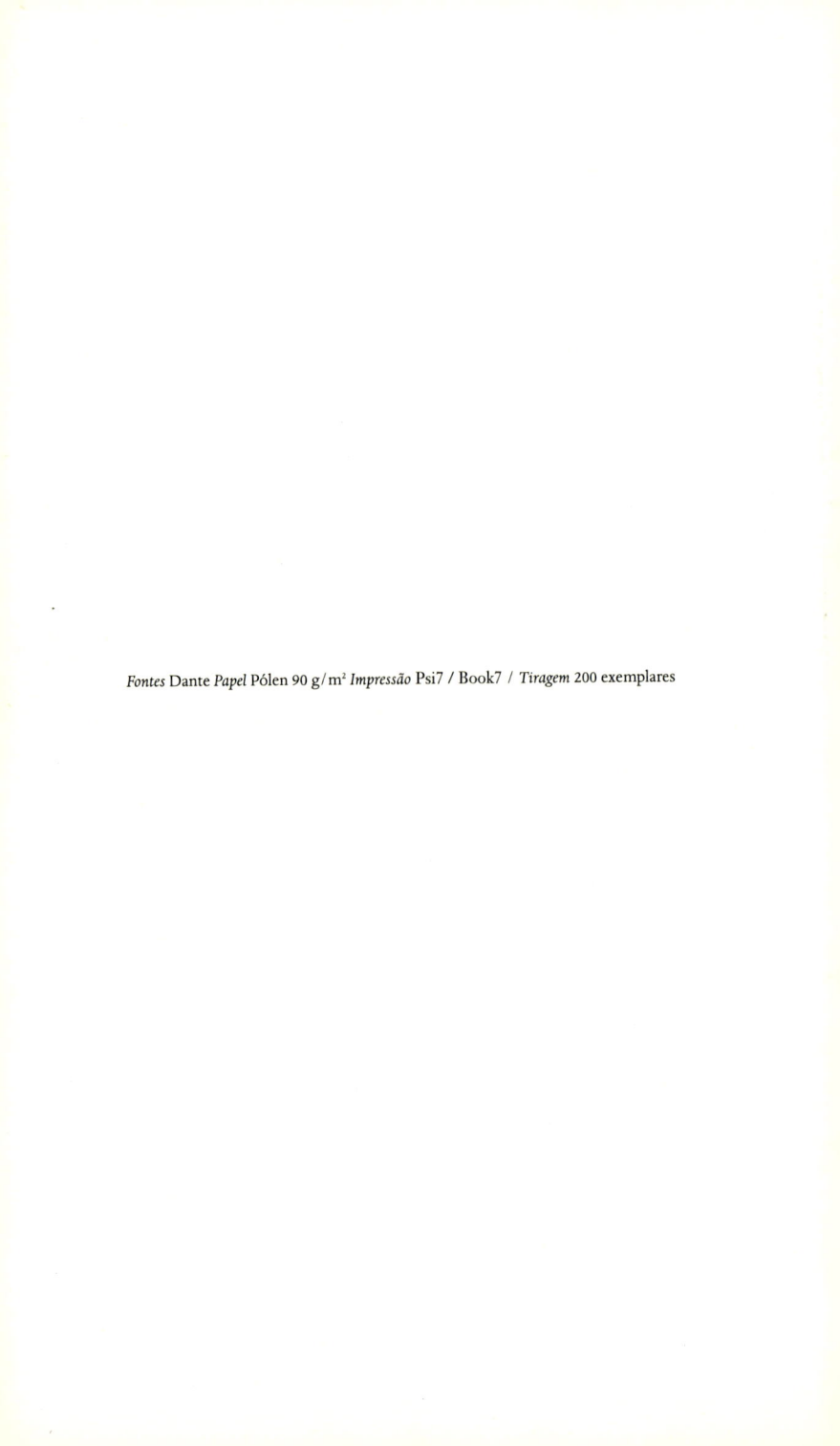

Fontes Dante *Papel* Pólen 90 g/m² *Impressão* Psi7 / Book7 / *Tiragem* 200 exemplares